1日5分で
認知機能を鍛える！

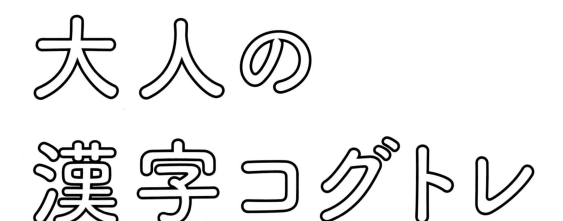

大人の
漢字コグトレ

宮口幸治 精神科医・医学博士

TOYOKAN BOOKS

はじめに～本書の3つの特徴

◆ なぜ本書がお勧めなのでしょうか？

本書は、漢字を利用して認知機能を鍛えるトレーニングです。本書には3つの特徴があります。1つ目の特徴は一部の課題を除き、『**特徴①：漢字や熟語の知識がなくても取り組める**』点です。漢字や熟語を使ったクイズやパズルはよく見かけますが、漢字や熟語の知識そのものを問うものや、それらの知識がないとそもそもできないものが多いと思います。本書は漢字や熟語の知識の有無にかかわらず取り組め、なおかつ、それらの知識の確認や学びにもつながるのです。

◆ 何がベースになっているのでしょうか？

2つ目の特徴は、本書の課題はすべて『**特徴②：コグトレをベースに作成**』している点です。コグトレについては、P4の「漢字コグトレとは」に別途説明してありますが、認知機能を直接的にトレーニングするためのテキスト『コグトレ　みる・きく・想像するための認知機能強化トレーニング』（三輪書店）が全国の多くの学校等で使用されるなど、実績あるトレーニングとして幅広く認知されいます。

◆ 具体的にはどんなトレーニングなのでしょうか？

そして3つ目の特徴は『**特徴③：ゲーム感覚で楽しみながら取り組める**』点です。ある漢字の数を数えたり、上の漢字を下に写したり、間違いを探したり、物語を考えたり、とさまざまな種類の問題からできていますので、飽きずに気軽に取り組めることができます。155日完成となっていますが、ご自身のペースで好きなところから取り組まれても問題ありません。

認知機能は単に問題を解くだけでなく、人に興味を向ける、人の気持ちを考える、人と会話をするなどのコミュニケーション力や、さまざまな困った問題に対処するなどの問題解決力といった社会生活にとって必要な力でもあり、認知機能の弱さは、社会生活そのものに支障を来すこともあります。記憶力、注意・集中力などに少し不安を感じられておられる方、認知症予防に何かに取り組みたい方にもお勧め致します。本書がみなさまの豊かな人生のために、少しでもお役に立てることを願っております。

立命館大学教授

精神科医・医学博士

宮口幸治

もくじ

🍎 漢字コグトレとは? 🍎

コグトレとは認知○○トレーニング（Cognitive ○○ Training）の略称であり、①社会面：認知ソーシャルトレーニング（Cognitive Social Training：COGST）、②学習面：認知機能強化トレーニング（Cognitive Enhancement Training：COGET）、③身体面：認知作業トレーニング（Cognitive Occupational Training：COGOT）の3方面から構成された包括的支援プログラムです。コグトレはもともと少年院にいる非行少年たちを効果的に更生させるために考案されたものですが、現在は学校現場において子どもたちへの早期支援として幅広く使用されています。またコグトレは一般社団法人日本COG-TR学会が主体となり幅広く学術活動・普及活動を行っています。

本書は②の認知機能強化トレーニング（COGET）の手法をベースに、漢字を利用し成人向けに認知機能強化を目的として新たに開発されたものです。具体的には、認知機能（記憶、知覚、注意、言語理解、判断・推論）に対応した「数える」「「写す」見つける」「想像する」といった4つのワークから構成されています。

ワークは『コグトレ　みる・きく・想像するための認知機能強化トレーニング』（三輪書店）をもとに、図形を漢字に置き換えるなど漢字に特化して再構成されています。分かりやすい図形の代わりに複雑な形態である漢字を使い、また平仮名でもよかった解答を、漢字を使って答えるなど難易度が高い課題もありますが、学習の進んでいるお子さん、お孫さんでも十分に取り組めるワークとなっています。難易度は目安としてレベル1〜3と3段階で示してありますが、最初から取り組んでも、各4つの単元から順に取り組んでも問題ありません。

本書の使い方

各単元の最初のページは、その問題の解き方について説明しています

ここから問題ページが始まります。1日1ページを目標に解きましょう

各単元ごとにレベルが設定されています。1〜3の順に難しくなります

数える この問題の解き方

1 漢字かぞえ

情報を早く、正確に処理する力を養います

●進め方
①お題の漢字の数（下の…）きるだけ早く数えなが…
②数え終わったら、個数…時間を確認します

注意しましょう。

後半には、「魚」を表す漢字など難易度が…くなります。

目標時間を問題を解く前に決めます。問題を解き始める前に時間を計り始めるのを忘れないようにします

1日目 漢字かぞえ　　レベル1

| 目標時間 | 分 | 今回の時間 | 分 | 月 | 日 |

「猫」の数を数えながら、できるだけ早く「猫」を○で囲みましょう。数えたら「猫」の数を下の…

問題を解いた日付を書きます

問題を解き終わったらかかった時間を確認し、ここに書きます

答え「猫」の数は（　　　）個

→解答は198ページです

9

その単元の問題を解くと、養うことができる力です

問題を解くときのコツが書いてあります

答えがわかったら、ここに書きましょう。○で囲む問題もあります

解答は、198ページからです

5

1章　数える

数える

1

この問題の解き方

漢字かぞえ

情報を早く、正確に処理する力を養います

🍎 **進め方**

①お題の漢字の数（下の例では「猫」）をできるだけ早く数えながら、〇で囲みます

②数え終わったら、個数を答えの欄に書き、時間を確認します

例

似た形をした漢字に注意しましょう。

苗 (猫) 犬 (猫) 獣 狩 猫 掻 猿 獲 苗
(猫)
田　　　　　　　　　　　　　　猫
　苗　　　　　　　　　　　　　猟
　田　　　　　　　　　　　　　田
狩　　　　　　　　　　　　　　草
猫　　　　　　　　　　　　　　苗
描　　　　　　　　　　　狩 田 田 獲
獣 掻 猫 獲　　　　　　　　獲
猪　　　　　　　　　　　描 獲 猫
獲 描 虎 獲　狩　　　豹　苗 描
　描　虎　苗 苗 猫 獲　苗 田
　獲 猫　　　　　　　　狗 描
　田　　　　　　　　　　　　獲
田 獲 描 掻 草 獲 猫 猿 掻

後半には、「魚」を表す漢字など難易度が高くなります。

漢字かぞえ

レベル1

| 目標時間 | 分 | 今回の時間 | 分 | 月 | 日 |

「猫」の数を数えながら、できるだけ早く「猫」を
○で囲みましょう。数えたら「猫」の数を下の
（　　）に書きましょう。

答え「猫」の数は（　　　　）個

→解答は198ページです

漢字かぞえ

レベル1

「花」の数を数えながら、できるだけ早く「花」を
○で囲みましょう。数えたら「花」の数を下の
（　　）に書きましょう。

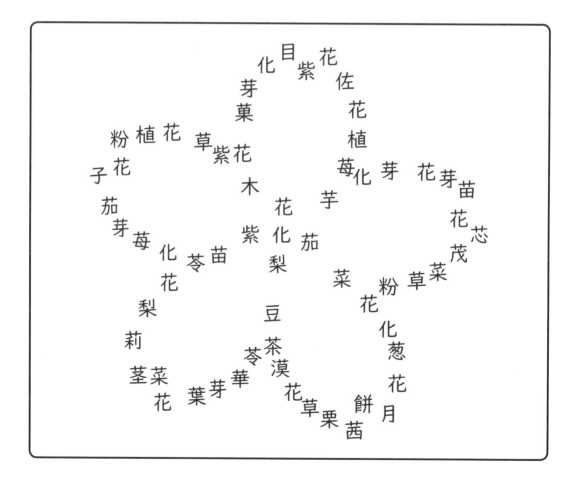

答え「花」の数は（　　　　）個

→解答は 198 ページです

3
日目

漢字かぞえ

レベル1
🍎🍎🍎

目標時間　　分 ┃ 今回の時間　　分 ┃　　　月　　　日

「芽」の数を数えながら、できるだけ早く「芽」を
○で囲みましょう。数えたら「芽」の数を下の
（　　　）に書きましょう。

```
                        茅葉 芽芽
           草芽葉  芽  茅 葉
     緑緑             葉   芽
  葡萄      芽 茅牙 芽 葉草 芽    葉
  葡                芽緑葉        葉
  管 薪芽葉芽 牙   芽 芽茎芽新
                 葉
                 芽
                 茎
                 管

        茎管薪茅芽牙
        葡               芽
        葡               新
        茅芽管芽葉
```

答え「芽」の数は（　　　）個

→解答は198ページです

11

4日目

漢字かぞえ

レベル1

🍎🍎🍎

目標時間 分	今回の時間 分	月 日

「目」の数を数えながら、できるだけ早く「目」を
○で囲みましょう。数えたら「目」の数を下の
（　　）に書きましょう。

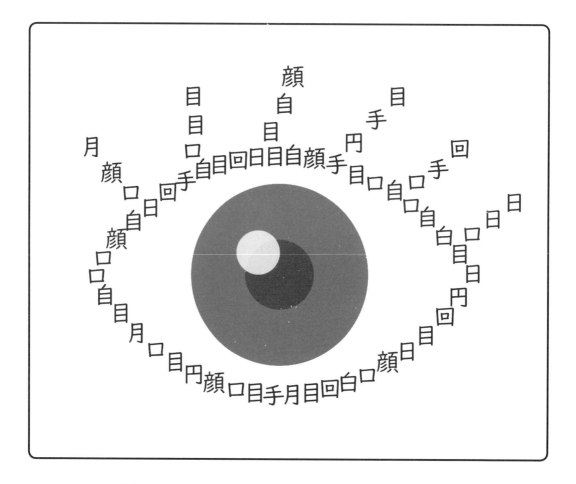

答え「目」の数は（　　　）個

→解答は198ページです

目標時間　　　分	今回の時間　　　分	月　　　日

「魔」の数を数えながら、できるだけ早く「魔」を
○で囲みましょう。数えたら「魔」の数を下の
（　　　）に書きましょう。

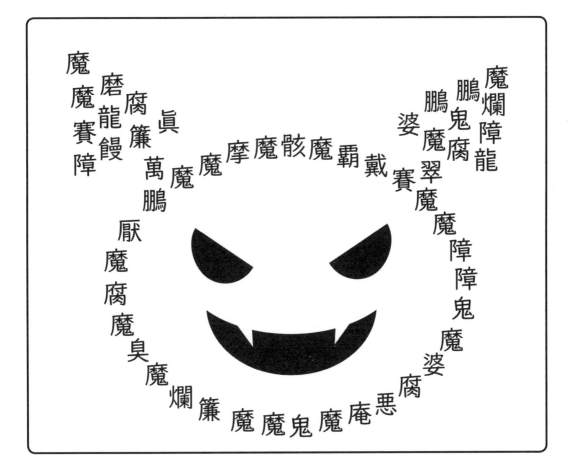

答え「魔」の数は（　　　）個

→解答は198ページです

漢字かぞえ

目標時間　　分 ｜ 今回の時間　　分 ｜　　月　　日

身体の部位を表す漢字を数えながら、できるだけ早くその漢字に○をつけましょう。数えたら、その数を（　　）に書きましょう。

顔　花　火　口　目　母　靴

破　時　車　父　笹　家

服　二　赤　丸　手　顔

耳　　　　　　　　　　紙

団　　目　　　　脚　中

鏡　　中　口　本　手　爪　手

鼻　　　　　　　　筆

布　孫　中　服　日

答え　身体を表す漢字の数は（　　）個

→解答は198ページです

漢字かぞえ

7 日目

レベル2

| 目標時間 | 分 | 今回の時間 | 分 | 月 | 日 |

魚の種類を表す漢字を数えながら、できるだけ早くその漢字に○をつけましょう。数えたら、その数を（　　）に書きましょう。

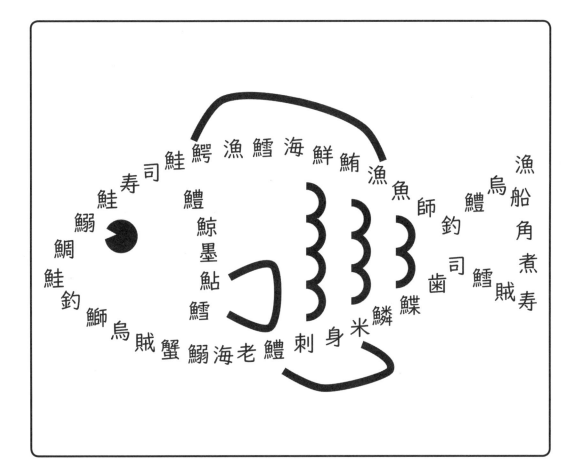

答え　魚を表す漢字の数は（　　　）個

→解答は198ページです

8 日目 漢字かぞえ レベル2

目標時間	分	今回の時間	分	月	日

あめかんむり
雨冠 の漢字の数を数えながら、できるだけ 早くその漢字に○をつけましょう。その数を（　　）に書きましょう。

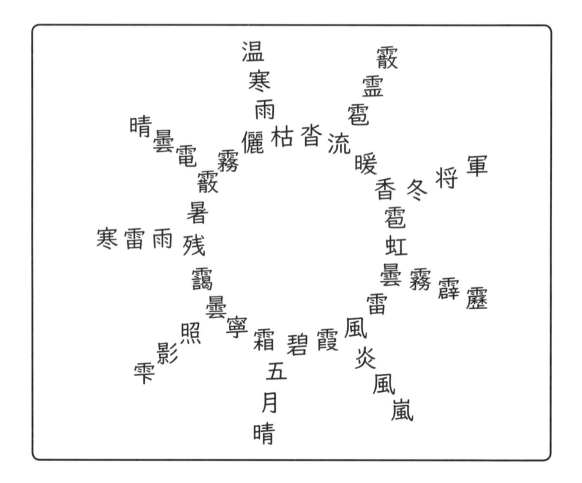

答え　雨冠の漢字の数は（　　）個

→解答は 198 ページです

漢字かぞえ

目標時間　　　　分	今回の時間　　　　分	月　　　　　日

本将棋の駒に用いられる漢字を数えながら、できるだけ早くその漢字に○をつけましょう。その数を（　　　）に書きましょう。

琴 角 火 千 銀 勾 霊 王 父
儀 香
王 泉
薫 歩 儀 皇 馬 慶 角 回 華
参 千 王
金 龍 参
泉 馬 香 嵯 粗 渓 銅
銅 安 桂
桂 勾 種
渓 馬 道 銀 果 王 飛 歩 種 留 瀧
同 飛 回 咼 流 香 王 銀 木 馬 歩 解

答え　　駒の漢字の数は（　　　）個

→解答は198ページです

| 目標時間 | 分 | 今回の時間 | 分 | 月 | 日 |

略称としてアジアの国々を表す漢字（例：インドなら「印」）を数えながら、できるだけ早くその漢字に○をつけましょう。その数を（　）に書きましょう。

星国和麺水韓綿中太牛日非超夜印金短
寒日口木夜批月星田朝
千平日気凡口朝座頭樹

星朝
面日日
長羊韓酒夜寒
馬暑城水船
国服中跳
印真日
王城

山陽馬羊猿若薫蒙月国和中日城免長韓

答え アジアの国を表す漢字は（　）個

→解答は198ページです

漢字かぞえ

レベル3

「渦」の数を数えながら、できるだけ早く「渦」に
○をつけ、その数を（　　）に書きましょう。た
だし「渦」の両隣に同じ漢字があるとき（「浮渦浮」
など）は○をつけず、数えません。

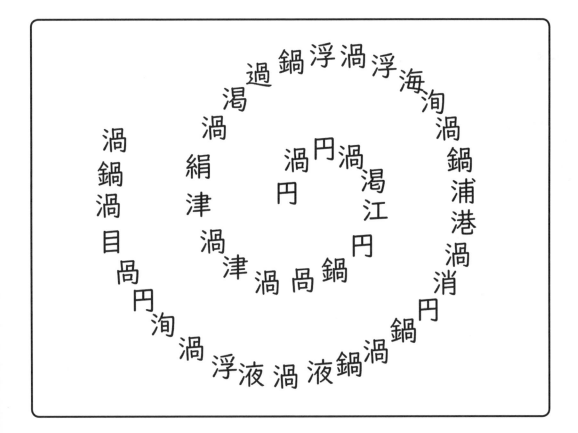

答え「渦」の数は（　　　　）個

→解答は198ページです

漢字かぞえ

目標時間	分	今回の時間	分	月	日

「己」の数を数えながら、できるだけ早く「己」に○をつけ、その数を（　　）に書きましょう。ただし「己」のとなりに漢数字（一, 二, 三など）があるときは○をつけず、数えません。

```
        己 ロ コ  充
    三        七 己 己    二
    己 発    之  石     上
己    三 己    色 乙 己  己  心
 巳 五      コ    午  己  己 百
己 色      己 己  巳  改     手
食   色  己  巳 己 未  円
  良 市 廿  己 四 己 人  合 己
    九 己         布
        色 旧 己
```

答え「己」の数は（　　　）個

→解答は198ページです

漢字かぞえ

| 目標時間 　　分 | 今回の時間 　　分 | 　月　　日 |

「涙」の数を数えながら、できるだけ早く「涙」に ○をつけ、その数を（　　）に書きましょう。ただし「涙」のとなりに曜日を表す漢字（日，月，火など）があるときには○をつけず、数えません。

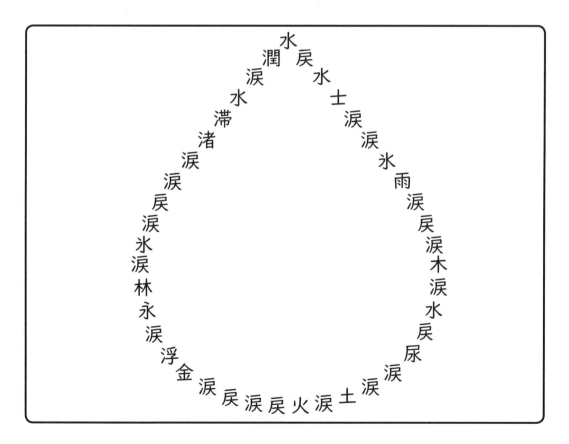

答え「涙」の数は（　　）個

→解答は198ページです

漢字かぞえ

目標時間	分	今回の時間	分	月	日

「年」の数を数えながら、できるだけ早く「年」に○をつけ、その数を（　　）に書きましょう。ただし「年」が干支を表す漢字にはさまれているとき（「子年寅」など）は○をつけず、数えません

同
年
午歳子齢年後才代宇未年寅立令
同
卯亥年
年
申　針年
鼠
虎
年酉年未猿年　午　年
同酒年戌年猪巳年未鳥年辰

答え「年」の数は（　　　）個

→解答は198ページです

漢字かぞえ

| 目標時間 | 分 | 今回の時間 | 分 | 月 | 日 |

「蕪」の数を数えながら、できるだけ早く「蕪」に○をつけ、その数を（　　）に書きましょう。ただし「蕪」が食べ物を表す漢字にはさまれているとき（「苺蕪柿」など）は○をつけず、数えません

```
      蕪 無 水 鍋 桜 食
    撫                蕪
    豆 蕪
    葱               大
      密 卓 箸 蕪 食  亜
  苺 蕪              蕪 粟 苺
  蕪 窪 湖 桃 蕪          蕪 桃 蕪
  蕪 食 鮭 蕪 干 蕪              飢
食 蕪    栗 浅 瓜
  蕪 筍 器 蕪    蕪 桃
      蕪 柿 食 甘 蕪 坂 芋
                      蕪 蕗 参
```

答え 「蕪」の数は（　　）個

→解答は198ページです

数える
1

漢字算 ①

短期記憶の力や、うっかりミスを減らす力を養います

🍎 進め方

①右に書いてある計算の答えを覚えます

②下線が引いてあるひらがなの漢字をイメージします

③計算の答えと同じ数字の（　　）に対応する漢字を書きます

例

右側の式を計算し、答えを覚えます。

丸くなった鉛筆を<u>けずる</u>	54 ＋ 6
<u>あげ</u>物は大好物です	7 ＋ 5
日曜日に<u>おい</u>の発表会があります	13 － 7

6　（　甥　）

12　（　揚　）

答え　60　（　削　）

下線部分の漢字を計算の答えの横の（　）に書きます。

目標時間	分	今回の時間	分	月	日

各文章の右側にある計算式を解き、式の答えを下の数字から選びます。その横の（　）に文章中の下線部分を「漢字」で書きましょう。

丸くなった鉛筆の<u>しん</u>をけずる　　　　　：54 − 6

揚げ物をするときには<u>あぶら</u>がはねやすい　：7 × 5

日曜日に<u>まご</u>の発表会があります　　　　：13 + 7

夏になると避<u>しょ</u>地へ行きます　　　　　：30 + 5

<u>和室</u>の<u>たたみ</u>を新しくしました　　　　：32 − 12

除夜の<u>かね</u>は 108 回鳴ります　　　　　：16 × 3

20（　　　）（　　　）

35（　　　）（　　　）

答え　　48（　　　）（　　　）

→解答は 198 ページです

この問題の解き方

漢字算 ②

短期記憶の力や、うっかりミスを減らす力を養います

🍎 進め方

①漢字の右にある計算の答えを覚えます

②ほかのマスから計算の答えが同じになる
　式を探します

③計算の答えが同じになる漢字で熟語をつ
　くり、横の（　　）に熟語を書きます。

例

温：2×5 10	富：2×9 18	茶：18−5
回：17−5	伏：5+10	食：7+2	起
喫：9+4	和：27÷3	泉：20÷2	豊：14+4

計算の答えが同じ
になる組み合わせ
を見つけましょう。

① 9（温）（　　）　④13（　　）（　　）
②10（　　）（　　）　⑤15（　　）（　　）
③12（　　）（　　）　⑥18（　　）（　　）

暗算が難しければ
各計算の答えを式
の下へメモしてお
きましょう。

漢字算

レベル２

目標時間　　　分 ┃ 今回の時間　　　分 ┃　　　月　　　日

漢字と計算式のペアがあります。各ペアの計算の
答えを下の解答欄から選び、横の（　　　）に漢字
を入れて、熟語を完成させましょう。
なお、入れる漢字は並び順どおりとは限りません。

温：2×5	富：2×9	茶：18−5	転：6×2
回：17−5	伏：5+10	食：7+2	起：3+12
喫：9+4	和：27÷3	泉：20÷2	豊：14+4

① 9（　　　）（　　　） ②10（　　　）（　　　）

③12（　　　）（　　　） ④13（　　　）（　　　）

答え ⑤15（　　　）（　　　） ⑥18（　　　）（　　　）

→解答は198ページです

漢字算

目標時間	分	今回の時間	分	月	日

各文章の右側にある計算式を解き、式の答えを下の数字から選びます。その横の（　）に文章中の下線部分を「漢字」で書きましょう。

土曜日に嵐山の<u>ちく</u>林を見に行きます　　　：11 ＋ 7

バターをつけた焼き<u>いも</u>が好きです　　　　：4 × 8

年末は大掃除で<u>いそが</u>しい　　　　　　　：99 ÷ 3

次の<u>かど</u>を曲がると和菓子屋さんがあります：28 ＋ 5

卵焼きを甘くするために味<u>りん</u>を入れます　：36 ÷ 2

毎朝 30 分以上犬と一緒に<u>さん</u>歩をします　：39 − 7

18（　　　）（　　　）

32（　　　）（　　　）

答え　33（　　　）（　　　）

→解答は 199 ページです

漢字算

目標時間　　　分 ｜ 今回の時間　　　分 ｜　　　月　　　日

漢字と計算式のペアがあります。各ペアの計算の
答えを下の解答欄から選び、横の（　　）に漢字
を入れて、熟語を完成させましょう。
なお、入れる漢字は並び順どおりとは限りません。

路：19－5	時：3×5	観：9＋8	季：6×2
伝：3＋5	協：6÷2	線：2×7	承：12－4
節：4×3	拝：21－4	刻：30÷2	力：18÷6

① 3（　　　）（　　　）　② 8（　　　）（　　　）

③ 12（　　　）（　　　）　④ 14（　　　）（　　　）

答え ⑤ 15（　　　）（　　　）　⑥ 17（　　　）（　　　）

→解答は 199 ページです

漢字算

レベル2

| 目標時間　　　分 | 今回の時間　　　分 | 月　　　　日 |

各文章の右側にある計算式を解き、式の答えを下の数字から選びます。その横の（　）に文章中の下線部分を「漢字」で書きましょう。

図書館で新聞を<u>えつ</u>覧する　　　　　　　　　：13＋7

私たちは今年で結<u>こん</u> 20 周年です。　　　　：20－5

孫を連れて回転す<u>司</u>に行く。　　　　　　　：4×5

明日は町内で<u>ひ</u>難訓練が行われます　　　　：3×9

石<u>てい</u>を見に多くの外国人が来ています　：30÷2

仕事が終わったのでいつもより早く帰<u>ろ</u>につく　：32－5

　　　　　　　　15（　　　）（　　　　）

　　　　　　　　20（　　　）（　　　　）

答え　　　　　27（　　　）（　　　　）

→解答は 199 ページです

漢字算

目標時間　　　分	今回の時間　　　分	月　　　日

漢字と計算式のペアがあります。各ペアの計算の
答えを下の解答欄から選び、横の（　　）に漢字
を入れて、熟語を完成させましょう。
なお、入れる漢字は並び順どおりとは限りません。

重：23 − 7	生：4 × 6	滞：29 − 3	椅：7 + 11
台：28 − 8	渋：22 + 4	八：32 ÷ 2	備：19 + 3
警：17 + 5	子：9 + 9	弥：18 + 6	所：4 × 5

　　　① 16（　　　）（　　　）　② 18（　　　）（　　　）

　　　③ 20（　　　）（　　　）　④ 22（　　　）（　　　）

答え ⑤ 24（　　　）（　　　）　⑥ 26（　　　）（　　　）

→解答は 199 ページです

漢字算

各文章の右側にある計算式を解き、式の答えを下の数字から選びます。その横の（　）に文章中の下線部分を「漢字」で書きましょう。

目標時間	分	今回の時間	分	月	日

帰宅時間に合わせてお風呂を<u>わか</u>す　　　：25×4

動物園に行ってボートを<u>こ</u>ぎました　　　：$96 - 33$

今日の夜ご飯は麻婆豆<u>ふ</u>を作る予定です　：$100 \div 2$

京都<u>げん</u>定のお土産を買いました　　　　：$68 + 32$

オーロラを見るために<u>ごっ寒</u>の土地へ行きます　：$72 - 9$

奈良県にはたくさんの古<u>ふん</u>があります　：2×25

50（　　　）（　　　）

63（　　　）（　　　）

答え　　100（　　　）（　　　）

→解答は 199 ページです

目標時間　　　分	今回の時間　　　分	月　　　日

漢字と計算式のペアがあります。各ペアの計算の答えを下の解答欄から選び、横の（　　）に漢字を入れて、熟語を完成させましょう。

なお、入れる漢字は並び順どおりとは限りません。

海：24 − 9	戦：81 ÷ 3	色：36 ÷ 2	宿：2 × 10
民：16 + 4	行：16 − 6	底：17 − 2	鼓：8 + 4
景：21 − 3	太：3 × 4	挑：3 × 9	旅：21 − 11

① 10 （　　　）（　　　）　② 12 （　　　）（　　　）

③ 15 （　　　）（　　　）　④ 18 （　　　）（　　　）

答え ⑤ 20 （　　　）（　　　）　⑥ 27 （　　　）（　　　）

→解答は199ページです

24日目 漢字算

レベル 2 🍎🍎🍎

| 目標時間 | 分 | 今回の時間 | 分 | 月 | 日 |

各文章の右側にある計算式を解き、式の答えを下の数字から選びます。その横の（　）に文章中の下線部分を「漢字」で書きましょう。

お正月に<u>ぞう</u>煮を食べる	：4 × 9
部長は緊急事態に<u>じん</u>速に対応しました	：18 ＋ 12
天気が良いので<u>まくら</u>を干しました	：21 － 6
昔は鉛筆をナイフで<u>けず</u>っていました	：26 ＋ 4
天皇<u>へい</u>下を一目見ようと国民が集まっています	：30 ÷ 2
昨日、猛<u>れつ</u>な台風が発生したそうです	：12 × 3

15（　　　）（　　　）

30（　　　）（　　　）

答え　36（　　　）（　　　）

→解答は 199 ページです

漢字算

25
日目

レベル 2

🍎🍎🍏

目標時間	分	今回の時間	分	月	日

漢字と計算式のペアがあります。各ペアの計算の
答えを下の解答欄から選び、横の（　　）に漢字
を入れて、熟語を完成させましょう。
なお、入れる漢字は並び順どおりとは限りません。

足：16＋18	晩：17－4	桟：50÷2	湖：2×5
橋：34－9	畔：7＋3	紋：31－15	酌：6＋7
家：8×2	栽：3×9	袋：2×17	盆：19＋8

① 10（　　　）（　　　）　② 13（　　　）（　　　）

③ 16（　　　）（　　　）　④ 25（　　　）（　　　）

答え ⑤ 27（　　　）（　　　）　⑥ 34（　　　）（　　　）

→解答は 199 ページです

この問題の解き方

さがし熟語

答えを効率よく探すための計画力を養います

🍎 進め方

①縦、横、斜めで隣り合った熟語を探します

②熟語を見つけたら○で囲み、下の（　　）に答えを書きます

③後半は四字熟語です。四字熟語は一列に並んでいるとは限りません

例

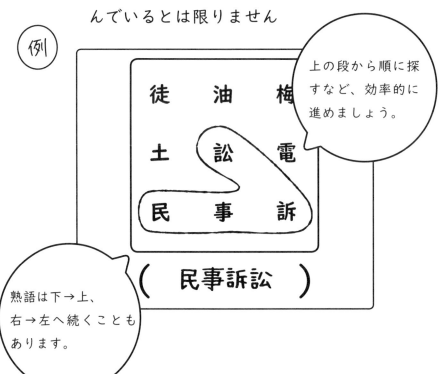

上の段から順に探すなど、効率的に進めましょう。

徒	油	梅
土	訟	電
民	事	訴

（　民事訴訟　）

熟語は下→上、右→左へ続くこともあります。

さがし熟語

| 目標時間 | 分 | 今回の時間 | 分 | 月 | 日 |

縦、横、斜めの隣り合った漢字を２つつなげて熟語をつくり、下の（　　　　）に書きましょう。

徒	油	梅
土	組	電
胴	織	訴

（　　　　　　　）

鳥	超	越
宙	嫡	端
遷	総	太

（　　　　　　　）

皆	垣	岳
怪	芽	話
四	会	次

（　　　　　　　）

怒	溺	了
硫	緑	厘
諦	塚	茶

（　　　　　　　）

→解答は 201 ページです

27
日目

さがし熟語

レベル 1

目標時間　　　分 ┃ 今回の時間　　　分 ┃　　　月　　　日

縦、横、斜めの隣り合った漢字を２つつなげて熟語をつくり、下の（　　　）に書きましょう。

器	艇	脇
沈	義	録
理	猟	五

（　　　　　　　）

数	袋	時
築	雨	輸
七	寄	迷

（　　　　　　　）

樹	髪	寂
周	忍	繁
杯	知	芯

（　　　　　　　）

母	斥	遠
制	時	計
赤	征	明

（　　　　　　　）

→解答は 201 ページです

38

さがし熟語

レベル1
🍎🍏🍏

目標時間　　　分 ｜ 今回の時間　　　分 ｜　　　月　　　日

縦、横、斜めの隣り合った漢字を2つつなげて熟語をつくり、下の（　　　　　）に書きましょう。

試	厳	負
塁	抱	報
験	充	代

（　　　　　　　　　）

菌	瓜	声
后	集	簿
編	界	帯

（　　　　　　　　　）

濁	卓	値
衷	親	昼
踊	溶	母

（　　　　　　　　　）

妖	数	兄
求	珠	久
魚	恭	響

（　　　　　　　　　）

→解答は201ページです

さがし熟語

29日目

レベル 1

目標時間	分	今回の時間	分		月	日

縦、横、斜めの隣り合った漢字を2つつなげて熟語をつくり、下の（　　　）に書きましょう。

球	鏡	弾
禁	和	嗅
日	薫	糾

（　　　　　　　　）

茎	博	絹
士	十	肩
虎	粉	血

（　　　　　　　　）

庫	井	右
緒	被	吾
大	和	得

（　　　　　　　　）

義	譜	就
曜	紅	拭
産	散	葉

（　　　　　　　　）

→解答は 201 ページです

さがし熟語

レベル１

縦、横、斜めの隣り合った漢字を２つつなげて熟語をつくり、下の（　　　　）に書きましょう。

微	疑	沙
児	仮	名
磁	弥	肢

（　　　　　　　　）

区	妥	茂
果	真	乃
物	母	不

（　　　　　　　　）

武	足	悔
努	菜	袋
都	似	得

（　　　　　　　　）

試	師	未
輪	等	走
酢	洲	離

（　　　　　　　　）

→解答は 202 ページです

さがし熟語

目標時間　　　分 ┃ 今回の時間　　　分 ┃ 　　月　　　日

縦、横、斜めの隣り合った漢字をつなげて四字熟語をつくり、（　　　）に書きましょう。

満	大	班	先
八	器	然	央
観	卵	晩	利
画	切	成	両

（　　　　　　　）

丸	世	岩	官
温	眼	納	動
含	故	知	玉
間	騎	逆	新

（　　　　　　　）

→解答は 202 ページです

32日目 さがし熟語 レベル2

目標時間　　分 ｜ 今回の時間　　分 ｜　　月　　日

縦、横、斜めの隣り合った漢字をつなげて四字熟語をつくり、（　　　）に書きましょう。

脊	百	扇	巣
粋	花	暦	麓
量	六	繚	礼
露	廊	冷	乱

（　　　　　　　）

童	畔	日	進
氾	比	争	月
桃	稽	巨	歩
奏	現	興	虚

（　　　　　　　）

→解答は202ページです

43

さがし熟語

33
日目

レベル２

目標時間　　　分　｜　今回の時間　　　分　｜　　　月　　　日

縦、横、斜めの隣り合った漢字をつなげて四字熟語をつくり、（　　　　）に書きましょう。

呂	近	淑	弱
恋	訟	期	寿
一	蓮	托	生
晶	庶	塾	袖

（　　　　　　　　）

波	都	鹿	髪
刀	花	履	風
稚	耳	東	黄
馬	丁	詞	盤

（　　　　　　　　）

→解答は 202 ページです

44

さがし熟語

| 目標時間　　　分 | 今回の時間　　　分 | 月　　　日 |

縦、横、斜めの隣り合った漢字をつなげて四字熟語をつくり、（　　　）に書きましょう。

呉	異	令	結
越	学	首	秒
現	同	猛	査
第	舟	期	字

（　　　　　　）

猪	言	鼻	金
突	備	城	液
猛	断	喚	規
進	霧	厚	葉

（　　　　　　）

→解答は 203 ページです

さがし熟語

レベル 2 🍎🍎🍏

| 目標時間 | 分 | 今回の時間 | 分 | 月 | 日 |

縦、横、斜めの隣り合った漢字をつなげて四字熟語をつくり、（　　　）に書きましょう。

図	隊	多	売
疑	薄	利	鑑
義	核	状	匠
資	格	肌	語

（　　　　　　　）

返	雲	岬	蛇
流	臨	泉	衡
優	柔	屈	蛍
砲	士	不	断

（　　　　　　　）

→解答は 203 ページです

46

2章　写す

写す

2

この問題の解き方

点つなぎ

視覚認知の基礎力や手先を正確に動かす力、
視覚と手先運動との協応力を養います

🍎 進め方

①上の見本を見ながら、下に漢字を書き写
します

②定規は使わず、フリーハンドで行います

例

点と点を結ぶ線は
歪んでいても
構いません。

見本と
同じように
点を結びます。

※解答はありません

点つなぎ

目標時間　　　分	今回の時間　　　分	月　　　日

上の漢字と同じように点をつないで、下に漢字を書き写しましょう。

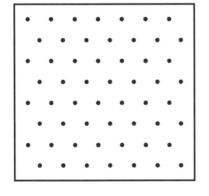

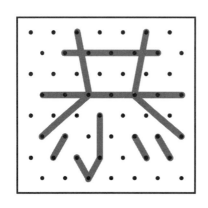

上の漢字と同じように点をつないで、下に漢字を
書き写しましょう。

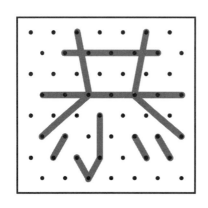
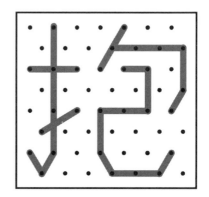

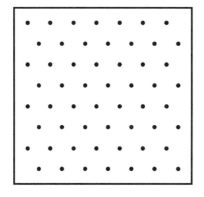
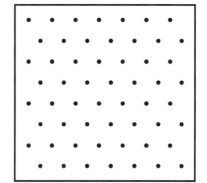

点つなぎ

目標時間	分	今回の時間	分	月	日

上の漢字と同じように点をつないで、下に漢字を
書き写しましょう。

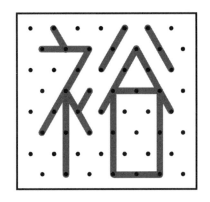

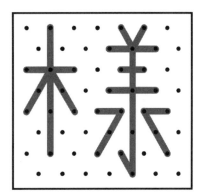

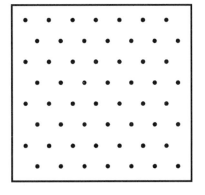

点つなぎ

レベル1

| 目標時間　　　分 | 今回の時間　　　分 | 月　　　日 |

上の漢字と同じように点をつないで、下に漢字を書き写しましょう。

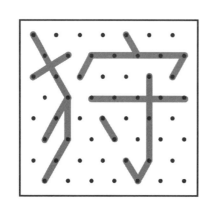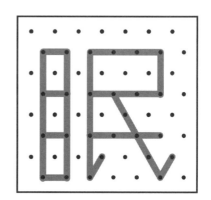

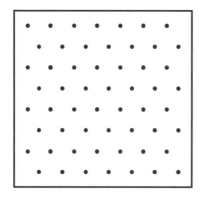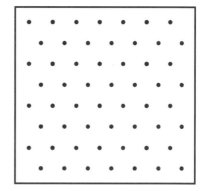

54

点つなぎ

目標時間　　分 ｜ 今回の時間　　分 ｜ 　　月　　日

上の漢字と同じように点をつないで、下に漢字を
書き写しましょう。

 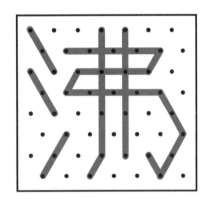

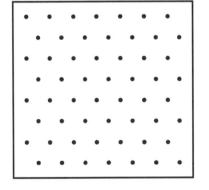

点つなぎ

| 目標時間 | 分 | 今回の時間 | 分 | 月 | 日 |

上の漢字と同じように点をつないで、下に漢字を書き写しましょう。

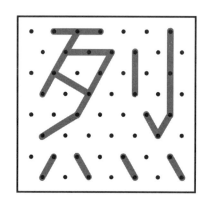 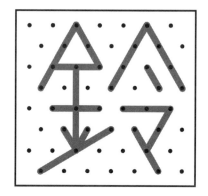

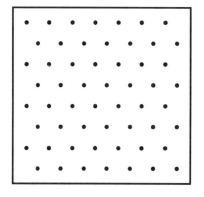 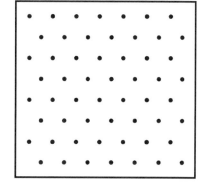

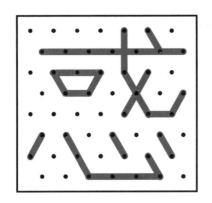

| 目標時間 | 分 | 今回の時間 | 分 | 月 | 日 |

上の漢字と同じように点をつないで、下に漢字を書き写しましょう。

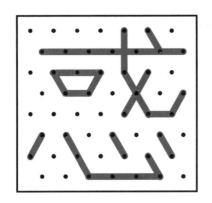

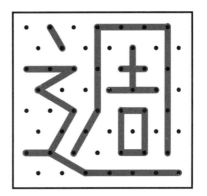

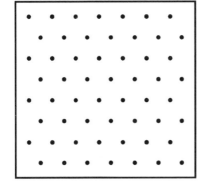

43 日目

点つなぎ

| 目標時間 　分 | 今回の時間 　分 | 　月 　日 |

上の漢字と同じように点をつないで、下に漢字を書き写しましょう。

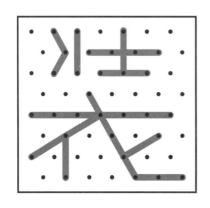
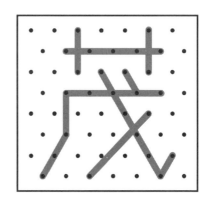

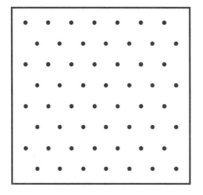
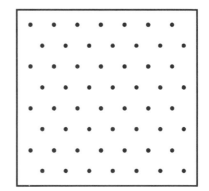

点つなぎ

| 目標時間 | 分 | 今回の時間 | 分 | 月 | 日 |

上の漢字と同じように点をつないで、下に漢字を書き写しましょう。

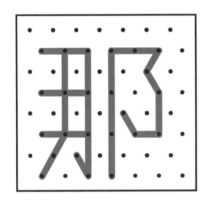
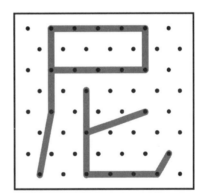

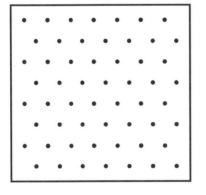
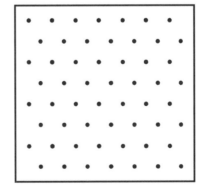

点つなぎ

| 目標時間 | 分 | 今回の時間 | 分 | 月 | 日 |

上の漢字と同じように点をつないで、下に漢字を書き写しましょう。

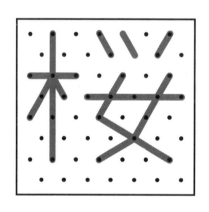
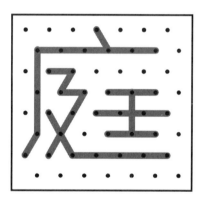

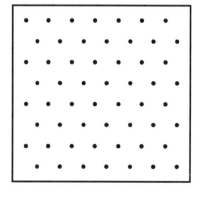
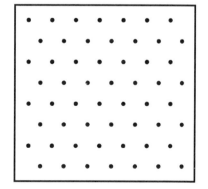

くるくる漢字

ものの形の認知力や、論理性を養います

🍎 進め方

①上の○の中にある漢字を見ながら、下の
　○の中に正しい方向で写します

②星は、一画目の始点を表しています

例

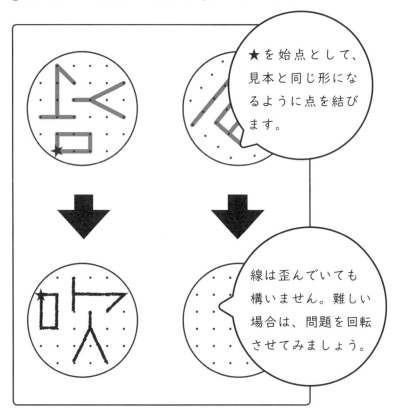

★を始点として、見本と同じ形になるように点を結びます。

線は歪んでいても構いません。難しい場合は、問題を回転させてみましょう。

※解答はありません

| 目標時間 | 分 | 今回の時間 | 分 | 月 | 日 |

○の中の漢字は向きがずれています。回転させて、
下の○に正しい向きで漢字を書きましょう。

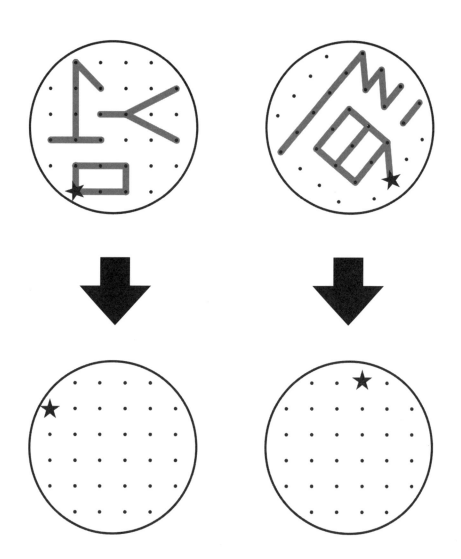

くるくる漢字

レベル 2

目標時間　　分 ┃ 今回の時間　　分 ┃ 　　月　　日

○の中の漢字は向きがずれています。回転させて、下の○に正しい向きで漢字を書きましょう。

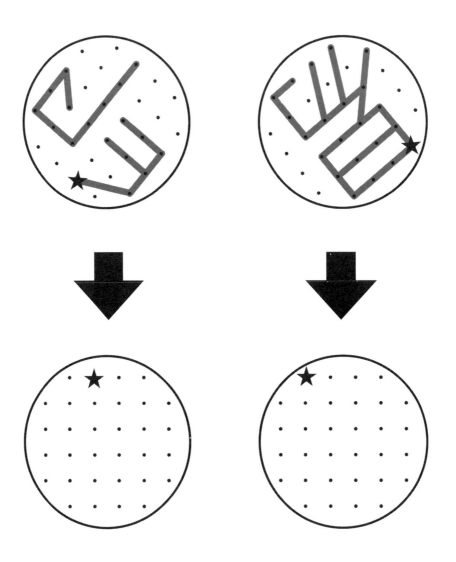

目標時間	分	今回の時間	分		月	日

〇の中の漢字は向きがずれています。回転させて、下の〇に正しい向きで漢字を書きましょう。

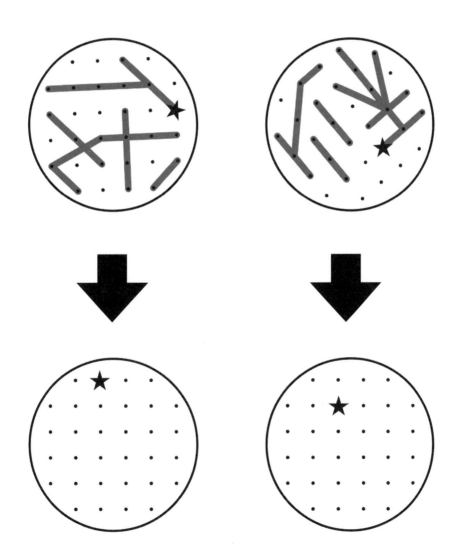

くるくる漢字

目標時間	分	今回の時間	分	月	日

○の中の漢字は向きがずれています。回転させて、下の○に正しい向きで漢字を書きましょう。

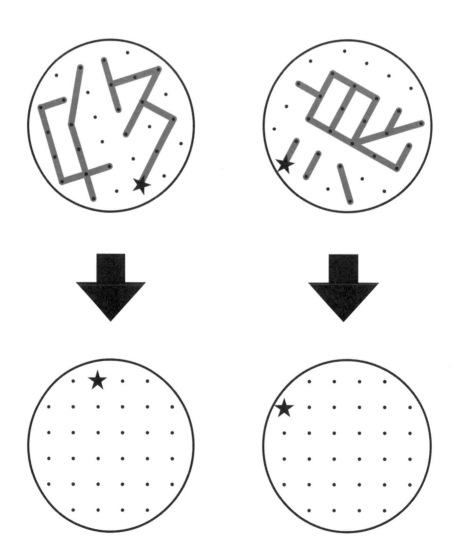

くるくる漢字

| 目標時間 | 分 | 今回の時間 | 分 | 月 | 日 |

○の中の漢字は向きがずれています。回転させて、
下の○に正しい向きで漢字を書きましょう。

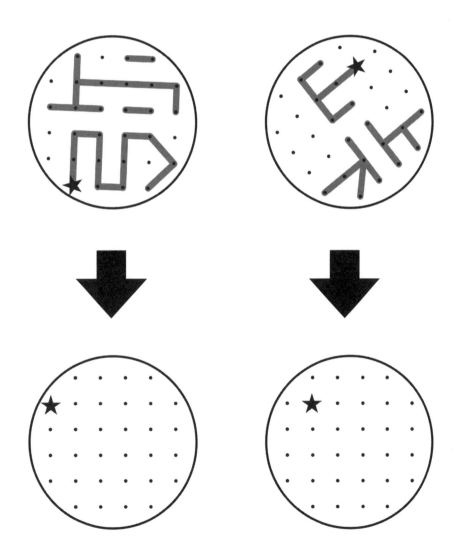

くるくる漢字

レベル 2

| 目標時間 | 分 | 今回の時間 | 分 | 月 | 日 |

○の中の漢字は向きがずれています。回転させて、下の○に正しい向きで漢字を書きましょう。

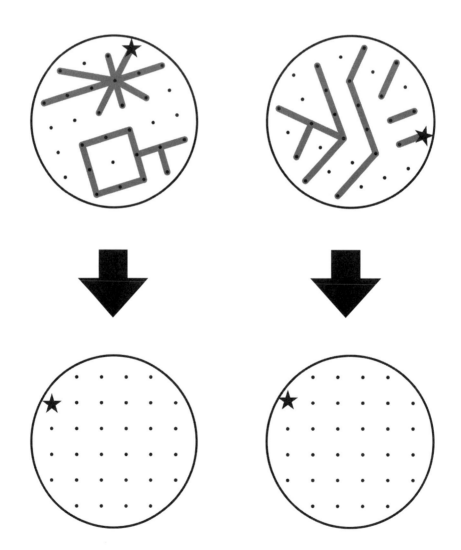

くるくる漢字

目標時間	分	今回の時間	分	月	日

○の中の漢字は向きがずれています。回転させて、下の○に正しい向きで漢字を書きましょう。

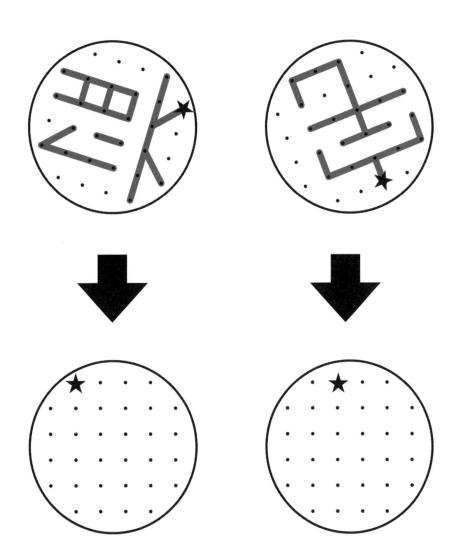

目標時間	分	今回の時間	分	月	日

○の中の漢字は向きがずれています。回転させて、
下の○に正しい向きで漢字を書きましょう。

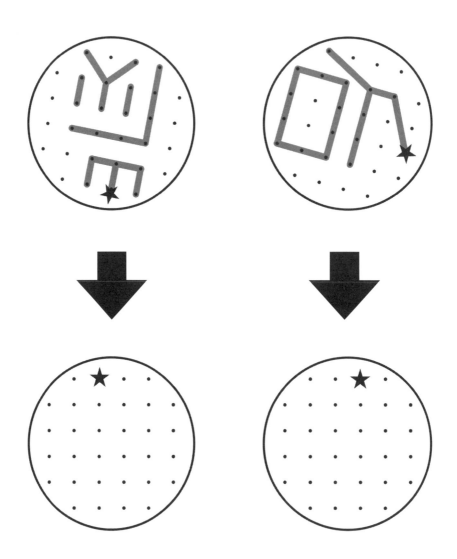

70

くるくる漢字

| 目標時間 分 | 今回の時間 分 | 月 日 |

○の中の漢字は向きがずれています。回転させて、下の○に正しい向きで漢字を書きましょう。

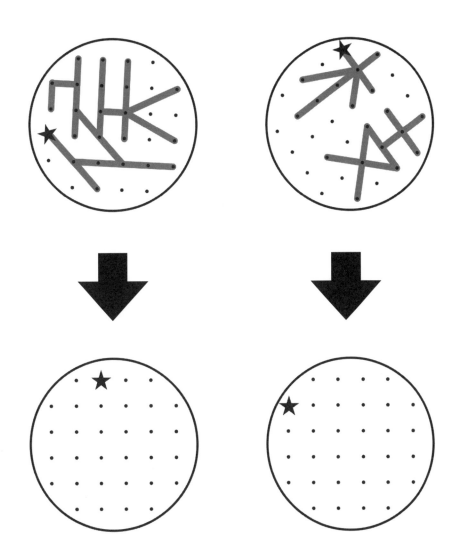

くるくる漢字

目標時間　　　分	今回の時間　　　分	月　　　日

○の中の漢字は向きがずれています。回転させて、下の○に正しい向きで漢字を書きましょう。

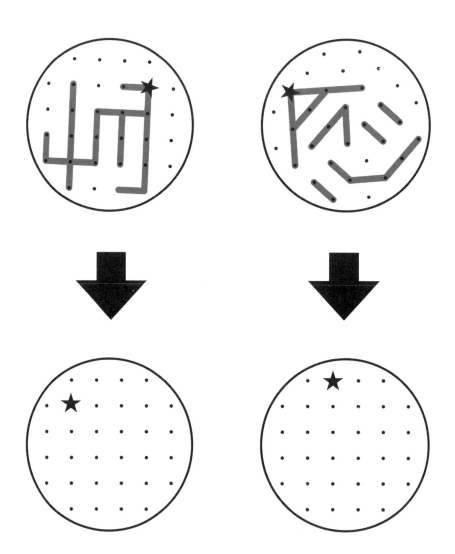

鏡・水面漢字

> ものの位置関係を理解する力や、想像しながら正確に写す力を養います

🍎 進め方

①鏡と水面に何かの漢字が映っています

②想像して、正しい漢字を空欄に書き直します

例

鏡

漢

> 左右、上下逆になった漢字を正しく書き直します。

認 知 力

水面

> とめやはらいにも注意し、何の漢字か分からなければ鏡を使ってみましょう。

※解答はありません

56 日目 鏡・水面漢字 レベル1

| 目標時間 | 分 | 今回の時間 | 分 | 月 | 日 |

鏡や水面に映った漢字を正しく書きましょう。

鏡 鏡

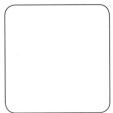

水面
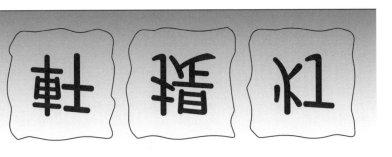

57
日目

鏡・水面漢字

レベル1

目標時間　　　分 ┃ 今回の時間　　　分 ┃　　月　　日

鏡や水面に映った漢字を正しく書きましょう。

鏡

 鏡

水面

76

目標時間 　分	今回の時間 　分	月 　日

鏡や水面に映った漢字を正しく書きましょう。

鏡

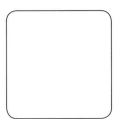

鏡

水面

59
日目

鏡・水面漢字

レベル 2

| 目標時間 分 | 今回の時間 分 | 月 日 |

鏡や水面に映った漢字を正しく書きましょう。

鏡 ・ 鏡

水面

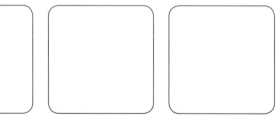

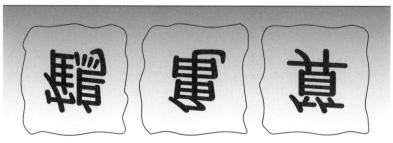

鏡・水面漢字

目標時間	分	今回の時間	分	月	日

鏡や水面に映った漢字を正しく書きましょう。

鏡

鏡

水面

 **61** 日目

鏡・水面漢字

 レベル 2

目標時間　　　分　｜　今回の時間　　　分　｜　　　月　　　日

鏡や水面に映った漢字を正しく書きましょう。

鏡

鏡

水面

鏡・水面漢字

レベル 2

| 目標時間 | 分 | 今回の時間 | 分 | 月 | 日 |

鏡や水面に映った漢字を正しく書きましょう。

鏡

鏡

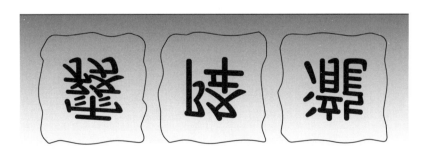

水面

 **63**
日目

鏡・水面漢字

レベル2

目標時間　　　分 ｜ 今回の時間　　　分 ｜　　　月　　　日

鏡や水面に映った漢字を正しく書きましょう。

鏡

鏡

水面

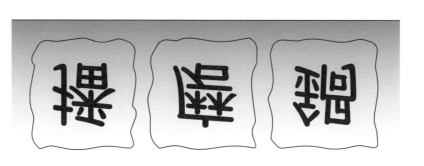

鏡・水面漢字

| 目標時間 | 分 | 今回の時間 | 分 | 月 | 日 |

鏡や水面に映った漢字を正しく書きましょう。

鏡

鏡

水面

65日目　鏡・水面漢字　レベル3 🍎🍎🍎

| 目標時間　　分 | 今回の時間　　分 | 月　　日 |

鏡や水面に映った漢字を正しく書きましょう。

鏡

鏡

水面

3章 見つける

この問題の解き方

漢字さがし ①

ものの形の輪郭を認識する力を養います

🍎 進め方

①不規則に並んだ点の中から、上の点と同じ配列を探します

②見つけたら、線で結んで漢字にします

例

問題文に示された数の漢字をすべて見つけましょう。

実際に点でつないでみましょう。

| 目標時間 | 分 | 今回の時間 | 分 | 月 | 日 |

下の点の中に  が５組あります。それらを見

つけて 瓜 のように線で結びましょう。

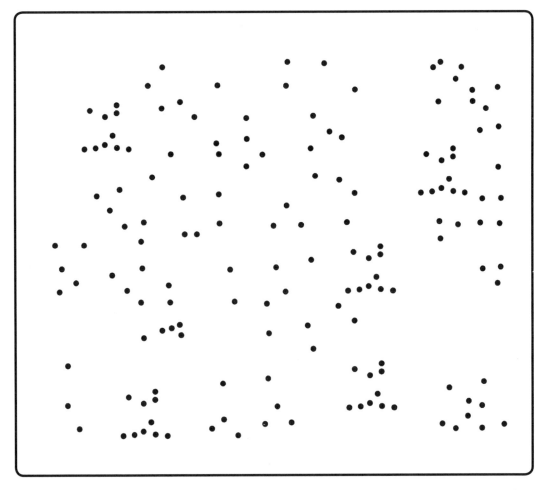

→解答は 203 ページです

漢字さがし

目標時間　　　分 ｜ 今回の時間　　　分 ｜　　　月　　　日

下の点の中に ⠇⠇ が５組あります。それらを見

つけて 足 のように線で結びましょう。

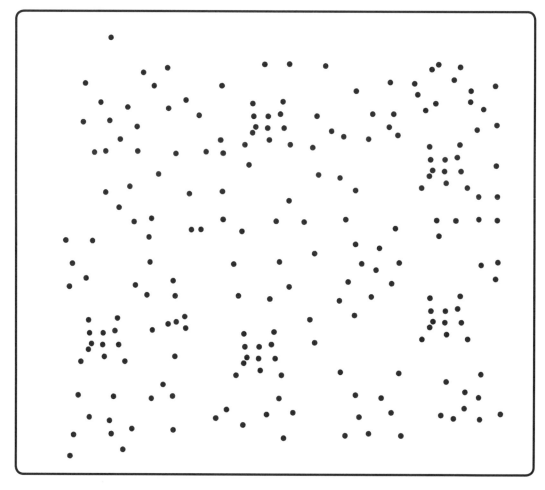

→解答は 203 ページです

漢字さがし

目標時間	分	今回の時間	分	月	日

下の点の中に ┊∴∴┊ が５組あります。それらを見

つけて 叫 のように線で結びましょう。

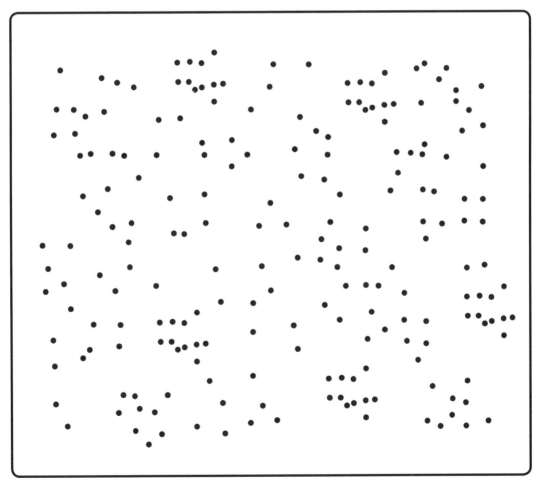

→解答は 204 ページです

漢字さがし

| 目標時間 | 分 | 今回の時間 | 分 | 月 | 日 |

下の点の中に ⠒ が 5 組あります。それらを見

つけて 旧 のように線で結びましょう。

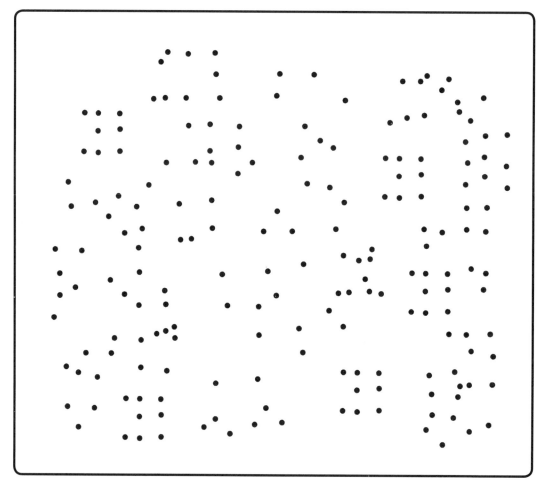

→解答は 204 ページです

漢字さがし

下の点の中に ［点の図］ が 5 組あります。それらを見

つけて 右 のように線で結びましょう。

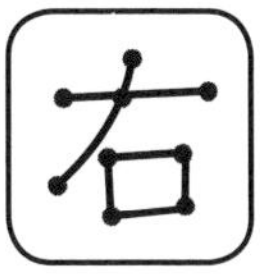

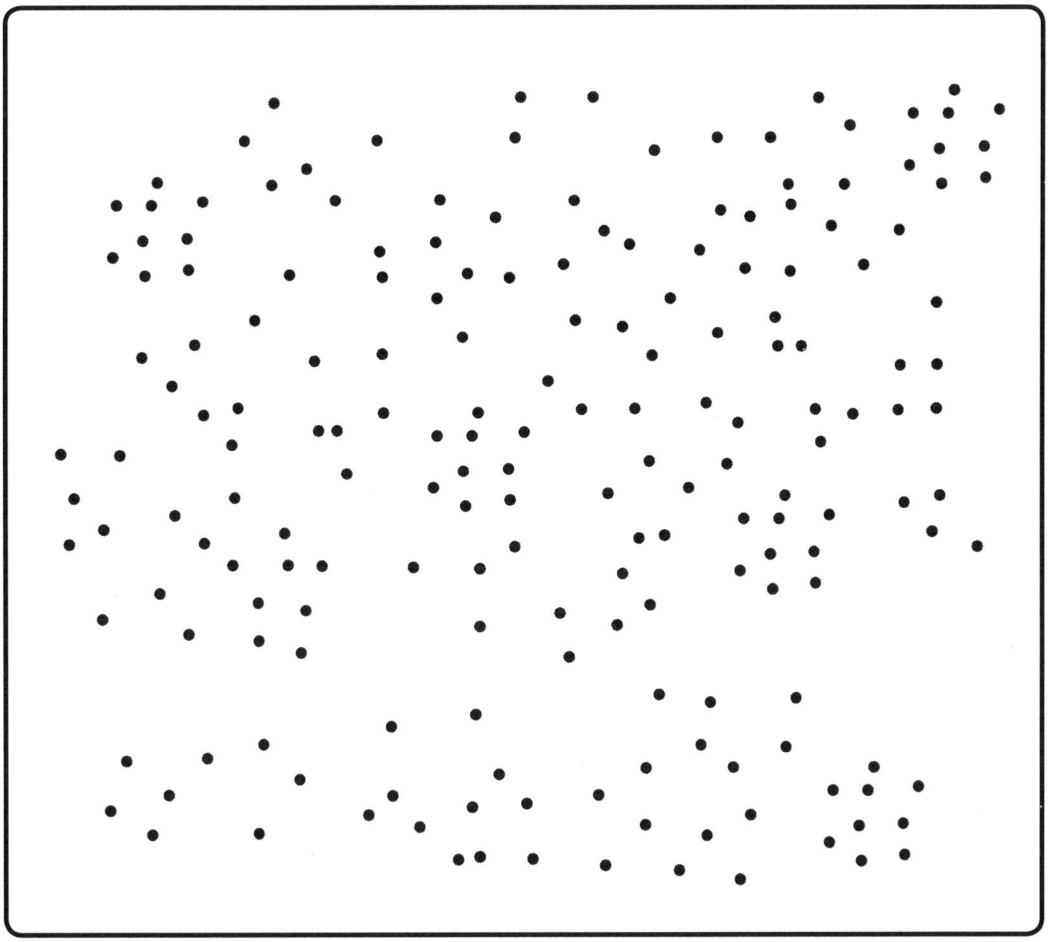

→解答は 204 ページです

この問題の解き方

漢字さがし ②

ものの形の輪郭を認識する力を養います

🍎 進め方

①問題文にある点を結んでできる漢字を考え、下の選択肢から選びます

②不規則に並んだ点の中から、上の点と同じ配列を探します

③見つけたら、線で結んで漢字にします

例

点を結ぶとどんな漢字になるか、想像しましょう。

点をよく見て、同じ配列を見つけます。

夫

漢字さがし

レベル3

| 目標時間 | 分 | 今回の時間 | 分 | 月 | 日 |

下の点の中に 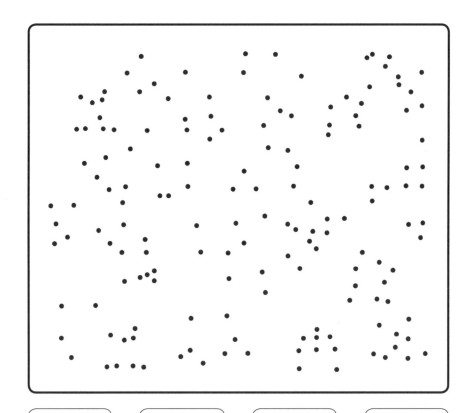 が1つ隠れています。

この点をつないでできる漢字を下の選択肢から選び、点の中から探して線で結びましょう。

犬　夫　台　大

→解答は204ページです

漢字さがし

目標時間　　　分 ｜ 今回の時間　　　分 ｜　　　月　　　日

下の点の中に 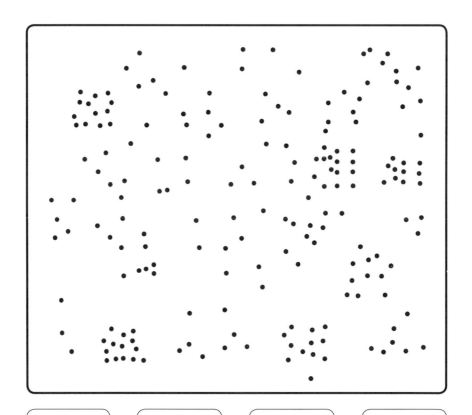 が１つ隠れています。

この点をつないでできる漢字を下の選択肢から選び、点の中から探して線で結びましょう。

相　柱　租　借

→解答は 205 ページです

73 日目 漢字さがし

レベル 3

| 目標時間 | 分 | 今回の時間 | 分 | 月 | 日 |

下の点の中に が５つ隠れています。

この点をつないでできる漢字を下の選択肢から選び、点の中から探して線で結びましょう。

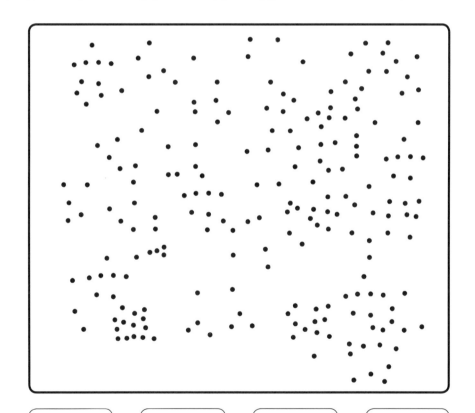

介　会　企　父

→解答は 205 ページです

漢字さがし

目標時間 　　分 ｜ 今回の時間 　　分 ｜ 　　月 　　日

下の点の中に ⠿ が 5 つ隠れています。

この点をつないでできる漢字を下の選択肢から選び、点の中から探して線で結びましょう。

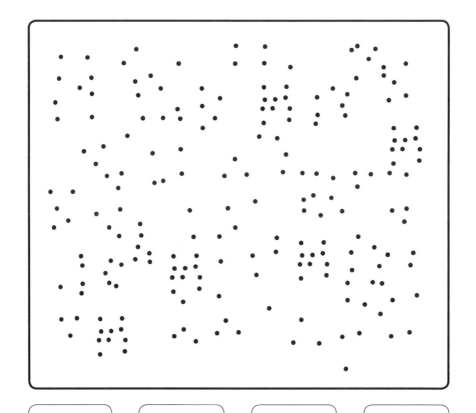

品	同	呂	思

→解答は 205 ページです

漢字さがし

| 目標時間 | 分 | 今回の時間 | 分 | 月 | 日 |

下の点の中に が5つ隠れています。

この点をつないでできる漢字を下の選択肢から選び、点の中から探して線で結びましょう。

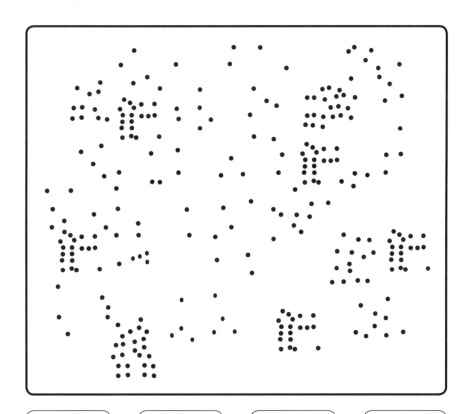

| 貼 | 訳 | 彰 | 紗 |

→解答は205ページです

見つける **3**

この問題の解き方

かさなり漢字

> ものの形の構成を理解する力などの思考力を養います

🍎 進め方

①左の漢字を作るのに使わない部品を選び、○で囲みます

②見つけ方は全体像から部品を見つけていく、部品から全体を作っていく、の順に難しくなります

③得意な人は、部品だけを見て何の漢字か考えてみましょう

例

漢

> 左の漢字に当てはまらない部品を見つけます。

氵 ノ

異
里
廿

> 全体から部品を見つける、部品から全体をつくるといった方法があります。

かさなり漢字

| 目標時間 | 分 | 今回の時間 | 分 | 月 | 日 |

左の漢字を作るのに、右の中で使わないものを１つ選び○で囲みましょう。

轄

口	十
由	卄
凵	圭

爵

寸	一
良	艮
⺌	罒

擦

扌	夕
又	示
凵	夕

→解答は 206 ページです

かさなり漢字

左の漢字を作るのに、右の中で使わないものを1つ選び〇で囲みましょう。

籍

木 日 廿 / 竹 目 士

融

中 丁 口 / ム 門 丨

彙

田 冖 一 / 宀 禾 ?

→解答は 206 ページです

かさなり漢字

左の漢字を作るのに、右の中で使わないものを１つ選び〇で囲みましょう。

窮

身　宀　六
ユ　宀　ク

旋

カ　下　ヒ
ノ　人　土

蹴

小　ヒ　古
マ　尤　九

→解答は 206 ページです

目標時間 　　分 ┃ 今回の時間 　　分 ┃ 　　月 　　日

左の漢字を作るのに、右の中で使わないものを1つ選び〇で囲みましょう。

繊	业 幺 土 　 小 弋 圭
陰	云 マ 孑 　 一 ユ 亼
艶	亠 田 曲 　 巴 匸 ク

→解答は 206 ページです

かさなり漢字

レベル1
🍎🍎🍎

目標時間	分	今回の時間	分	月	日

左の漢字を作るのに、右の中で使わないものを1つ選び〇で囲みましょう。

霧

オ 雨 又 マ カ 夂

娛

八 人 ら 一 女 口

鷄

夫 自 フ 灬 自 灬

→解答は207ページです

かさなり漢字

レベル1
🍎○○

目標時間	分	今回の時間	分	月	日

左の漢字を作るのに、右の中で使わないものを1つ選び○で囲みましょう。

喉

イ ユ 口 大 ヨ

擁

夕 マ 隹 扌 く 工

塗

エ 土 人 氵 小 木

→解答は207ページです

106

かさなり漢字

レベル１
🍎◯◯

目標時間　　　分 ┃ 今回の時間　　　分 ┃　　　月　　　日

左の漢字を作るのに、右の中で使わないものを１
つ選び◯で囲みましょう。

懸	心 そ 糸 目 㸣 川
糧	田 曰 目 米 一 圭
顧	尸 貝 厂 隹 一 十

→解答は 207 ページです

かさなり漢字

レベル 2

左の漢字を作るのに、右の中で使わないものを 1 つ選び〇で囲みましょう。

| 雲 | 二 エ 一　ム 曰 雷 |

| 響 | 艮 立 彡　良 曰 阝 |

| 慮 | ト 田 厂　七 ヒ 心 |

→解答は 207 ページです

かさなり漢字

レベル 2 🍎🍎🍏

左の漢字を作るのに、右の中で使わないものを１つ選び〇で囲みましょう。

褒	呆　く　亠　⺄　く　イ

濁	冖　勺　罒　ム　氵　中

壁	十　口　立　土　玉　尸

→解答は 208 ページです

| 目標時間 | 分 | 今回の時間 | 分 | 月 | 日 |

左の漢字を作るのに、右の中で使わないものを1つ選び〇で囲みましょう。

繕

口　　　　　皿
¥　　　　　皿
幺　　　　　小

籠

立　　　　竹
目　　　　月
ヒ　　　　毛

癒

疒　　　リ
月　　　心
へ　　　大

→解答は 208 ページです

110

この問題の解き方

回転漢字

図形の方向弁別や、方向認識力を養います

🍎 進め方

①左右バラバラに並べられた漢字の部品を
つなぎ、正しい漢字を作ります

②完成した漢字は、下の枠内に書き入れま
しょう

例

部品は向きも
バラバラになって
います。

分かりやすい組み
合わせから見つけ、
消去法で進めると
よいでしょう。

| | 漢 | | | |

回転漢字

| 目標時間 | 分 | 今回の時間 | 分 | 月 | 日 |

左右を線でつなげると１つの漢字ができます。
線で結んだら、できた漢字を下に書きましょう。

→解答は 199 ページです

回転漢字

| 目標時間 | 分 | 今回の時間 | 分 | 月 | 日 |

左右を線でつなげると１つの漢字ができます。
線で結んだら、できた漢字を下に書きましょう。

→解答は 199 ページです

| 目標時間 | 分 | 今回の時間 | 分 | 月 | 日 |

左右を線でつなげると１つの漢字ができます。
線で結んだら、できた漢字を下に書きましょう。

回転漢字

目標時間　　分｜今回の時間　　分｜　　月　　日

左右を線でつなげると１つの漢字ができます。
線で結んだら、できた漢字を下に書きましょう。

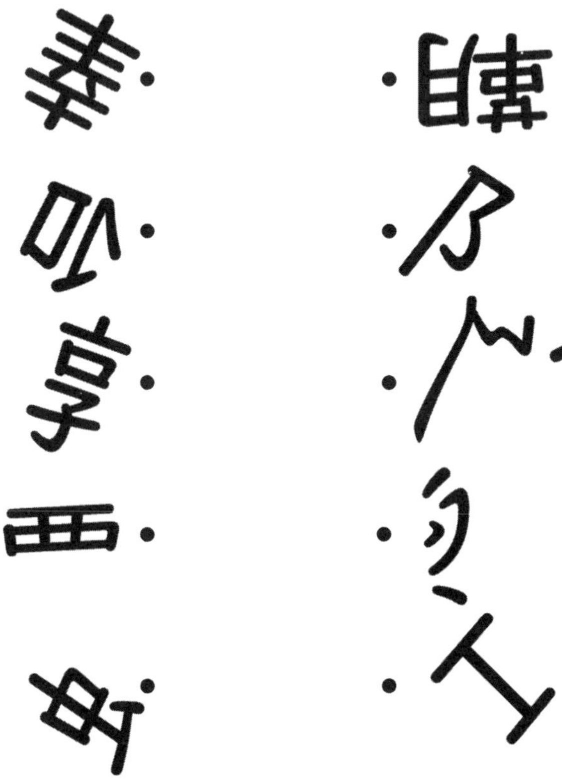

→解答は 199 ページです

回転漢字

目標時間	分	今回の時間	分	月	日

左右を線でつなげると１つの漢字ができます。
線で結んだら、できた漢字を下に書きましょう。

→解答は 199 ページです

回転漢字

目標時間	分	今回の時間	分	月	日

左右を線でつなげると１つの漢字ができます。
線で結んだら、できた漢字を下に書きましょう。

→解答は 199 ページです

| 目標時間 | 分 | 今回の時間 | 分 | 月 | 日 |

左右を線でつなげると１つの漢字ができます。
線で結んだら、できた漢字を下に書きましょう。

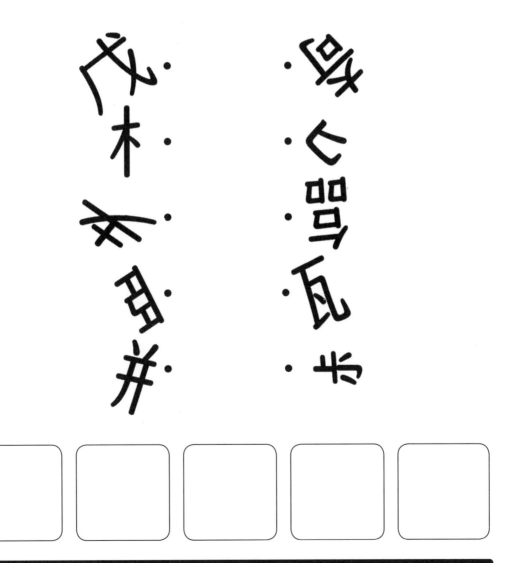

→解答は 199 ページです

回転漢字

目標時間	分	今回の時間	分	月	日

左右を線でつなげると１つの漢字ができます。
線で結んだら、できた漢字を下に書きましょう。

回転漢字

| 目標時間 | 分 | 今回の時間 | 分 | 月 | 日 |

左右を線でつなげると１つの漢字ができます。
線で結んだら、できた漢字を下に書きましょう。

→解答は 199 ページです

回転漢字

| 目標時間 | 分 | 今回の時間 | 分 | 月 | 日 |

左右を線でつなげると1つの漢字ができます。
線で結んだら、できた漢字を下に書きましょう。

→解答は 199 ページです

見つける
3

この問題の解き方

違いはどこ？

視覚情報の共通点や相違点を把握する力、
観察力を養います

🍎 進め方

①上下の絵で違うところを、問題文で示され
た数だけ見つけ、下の絵を○で囲みます

例

間違いは漢字
にもイラスト
にもあります。

形だけでなく位置
関係が異なる場合
もあります。

違いはどこ?

目標時間	分	今回の時間	分	月	日

上の絵と下の絵で、違うところが3つあります。違いは漢字だけではありません。違うところを見つけたら、下の絵を○で囲みましょう。

→解答は 208 ページです

違いはどこ？

目標時間　　　分 ┃ 今回の時間　　　分 ┃　　　月　　　日

上の絵と下の絵で、違うところが３つあります。違いは漢字だけではありません。違うところを見つけたら、下の絵を○で囲みましょう。

→解答は 208 ページです

違いはどこ？

レベル 1

| 目標時間 | 分 | 今回の時間 | 分 | 月 | 日 |

上の絵と下の絵で、違うところが3つあります。違いは漢字だけではありません。違うところを見つけたら、下の絵を○で囲みましょう。

→解答は 209 ページです

違いはどこ?

| 目標時間　　　分 | 今回の時間　　　分 | 月　　　　日 |

上の絵と下の絵で、違うところが4つあります。違いは漢字だけではありません。違うところを見つけたら、下の絵を○で囲みましょう。

→解答は209ページです

違いはどこ？

レベル 2

| 目標時間 | 分 | 今回の時間 | 分 | 月 | 日 |

上の絵と下の絵で、違うところが４つあります。違いは漢字だけではありません。違うところを見つけたら、下の絵を○で囲みましょう。

竜宮城

竜宮域

→解答は 209 ページです

違いはどこ？

上の絵と下の絵で、違うところが 5 つあります。違いは漢字だけではありません。違うところを見つけたら、下の絵を○で囲みましょう。

節分

赤鬼　　恵方巻き

即分

赤鬼　　恵方券き

→解答は 209 ページです

違いはどこ?

目標時間	分	今回の時間	分	月	日

上の絵と下の絵で、違うところが5つあります。違いは漢字だけではありません。違うところを見つけたら、下の絵を○で囲みましょう。

→解答は210ページです

違いはどこ?

103 日目

レベル 3

| 目標時間 | 分 | 今回の時間 | 分 | 月 | 日 |

上の絵と下の絵で、違うところが 5 つあります。
違いは漢字だけではありません。違うところを見
つけたら、下の絵を○で囲みましょう。

灼熱

遺跡

発掘

灼熱

遺跳

発堀

→解答は 210 ページです

違いはどこ?

| 目標時間 分 | 今回の時間 分 | 月 日 |

上の絵と下の絵で、違うところが5つあります。違いは漢字だけではありません。違うところを見つけたら、下の絵を○で囲みましょう。

→解答は210ページです

違いはどこ?

| 目標時間 | 分 | 今回の時間 | 分 | 月 | 日 |

上の絵と下の絵で、違うところが5つあります。違いは漢字だけではありません。違うところを見つけたら、下の絵を○で囲みましょう。

恐竜

博物館　学芸員

恐音

博物飽　学芸員

→解答は210ページです

3

この問題の解き方

同じ絵はどれ？

> 視覚情報の共通点や相違点を把握する力、
> 観察力を養います

🍎 進め方

① 6枚の絵の中に、まったく同じ絵が2枚
あります

① 見つけたら、答えの欄に番号を書きます

① 他の絵との違いを〇で囲むなど、効率よ
く進める方法を考えながら取り組みま
しょう

例

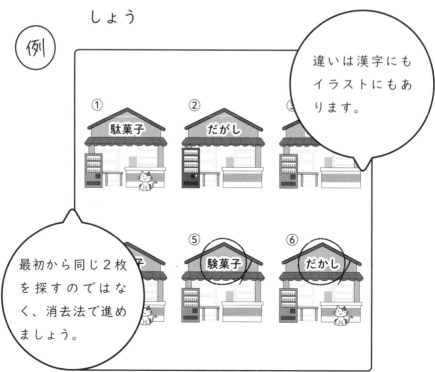

> 違いは漢字にも
> イラストにもあ
> ります。

> 最初から同じ2枚
> を探すのではな
> く、消去法で進め
> ましょう。

同じ絵はどれ？

目標時間	分	今回の時間	分	月	日

下の6枚の絵の中から、同じ絵を2枚選びましょう。違いは漢字だけではありません。

①

②

③

④

⑤

⑥

答え（　　　　）と（　　　　）

→解答は 211 ページです

同じ絵はどれ？

レベル 2

下の６枚の絵の中から、同じ絵を２枚選びましょう。違いは漢字だけではありません。

答え（　　　　　　）と（　　　　　　）

→解答は 211 ページです

日目

同じ絵はどれ？

レベル2

| 目標時間 | 分 | 今回の時間 | 分 | 月 | 日 |

下の6枚の絵の中から、同じ絵を2枚選びましょう。違いは漢字だけではありません。

①

就学前に歯磨きを

②

寝就前に歯磨きを

③

就寝前に歯磨きを

④

就寝前に歯魔きを

⑤

就寝後に歯磨きを

⑥

就寝前に歯磨きを

答え（　　　　）と（　　　　）

→解答は211ページです

同じ絵はどれ？

レベル2

目標時間	分	今回の時間	分	月	日

下の6枚の絵の中から、同じ絵を2枚選びましょう。違いは漢字だけではありません。

① ② ③

④ ⑤ ⑥

答え（　　　　）と（　　　　）

→解答は211ページです

同じ絵はどれ？

| 目標時間 | 分 | 今回の時間 | 分 | 月 | 日 |

下の6枚の絵の中から、同じ絵を2枚選びましょう。違いは漢字だけではありません。

答え（　　　　　）と（　　　　　）

→解答は212ページです

目標時間　　　分	今回の時間　　　分	月　　　日

下の6枚の絵の中から、同じ絵を2枚選びましょう。違いは漢字だけではありません。

① 8月16日　晴わ
今日はスイカ割りをしたよ

② 8月16日　晴れ
今日はスイカ割りをしたの

③ 8月16日　晴れ
今日はスイカ割りをしたよ

④ 8月16日　清れ
今日はヌイカ割りをしたよ

⑤ 8月16日　晴わ
今田はスイカ割りをしたよ

⑥ 8月16日　晴れ
今日はスイカ割りをしたよ

答え（　　　　）と（　　　　）

→解答は212ページです

112日目 同じ絵はどれ？ レベル 3

目標時間	分	今回の時間	分	月	日

下の 6 枚の絵の中から、同じ絵を 2 枚選びましょう。違いは漢字だけではありません。

①

②

③

④

⑤

⑥

答え（　　　）と（　　　）

→解答は 212 ページです

日目

113

同じ絵はどれ？

レベル3

| 目標時間 | 分 | 今回の時間 | 分 | 月 | 日 |

下の6枚の絵の中から、同じ絵を2枚選びましょう。違いは漢字だけではありません。

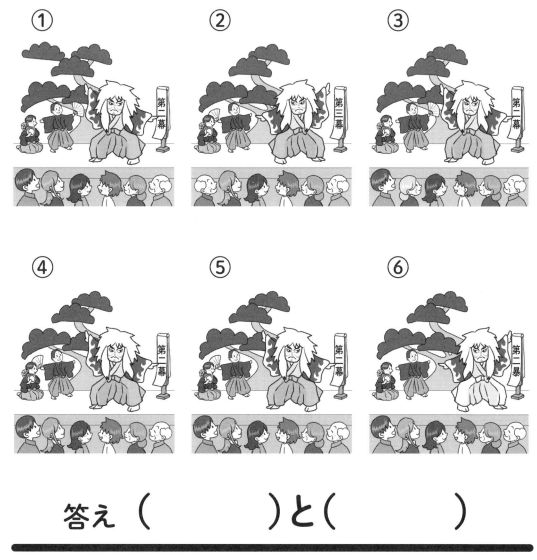

答え（　　　）と（　　　）

→解答は212ページです

114日目 同じ絵はどれ？ レベル3

| 目標時間 　分 | 今回の時間 　分 | 月　　日 |

下の6枚の絵の中から、同じ絵を2枚選びましょう。違いは漢字だけではありません。

① 餅つき大会

② 餅つき大会

③ 餅つき大会

④ 餅つき犬会

⑤ 餅つき大会

⑥ 餅つき大会

答え（　　　）と（　　　）

→解答は213ページです

| 目標時間 | 分 | 今回の時間 | 分 | 月 | 日 |

下の 6 枚の絵の中から、同じ絵を 2 枚選びましょう。違いは漢字だけではありません。

①  ②  ③

④ ⑤  ⑥

答え（　　　　）と（　　　　）

4章　想像する

想像する

4

この問題の解き方

スタンプ漢字

鏡像をイメージする力や論理性を養います

🍎 進め方

①上のスタンプを押すと、どの漢字になる
かを想像して答えの欄に正しい番号を書
きます

②答えがわからないときは、上のスタンプ
の横に鏡を置いて確認しましょう

例

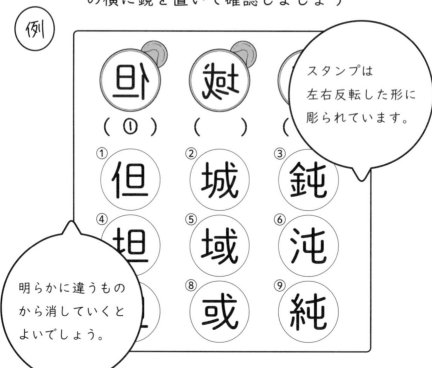

スタンプは
左右反転した形に
彫られています。

明らかに違うもの
から消していくと
よいでしょう。

| 目標時間 | 分 | 今回の時間 | 分 | 月 | 日 |

上のスタンプを紙に押すと下のうちのどれになるか、選んで（　　　　）に番号を書きましょう。

（　　　）　（　　　）　（　　　）

① 担　② 城　③ 鈍

④ 坦　⑤ 域　⑥ 沌

⑦ 但　⑧ 或　⑨ 純

→解答は 200 ページです

スタンプ漢字

レベル 1

目標時間　　　分 ┃ 今回の時間　　　分 ┃　　月　　日

上のスタンプを紙に押すと下のうちのどれになるか、選んで（　　　）に番号を書きましょう。

→解答は 200 ページです

152

スタンプ漢字

レベル1

🍎🍎🍎

目標時間　　　分　｜　今回の時間　　　分　｜　　　月　　　日

上のスタンプを紙に押すと下のうちのどれになる
か、選んで（　　　）に番号を書きましょう。

→解答は 200 ページです

スタンプ漢字

レベル 2

目標時間　　分　｜　今回の時間　　分　｜　　月　　日

上のスタンプを紙に押すと下のうちのどれになるか、選んで（　　　）に番号を書きましょう。

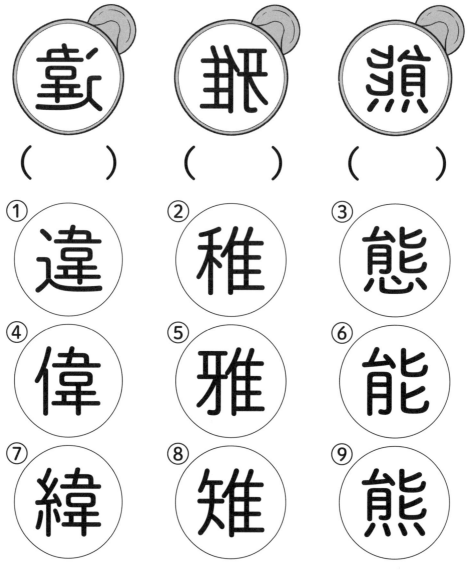

（　　）　　（　　）　　（　　）

① 違　　② 稚　　③ 態

④ 偉　　⑤ 雅　　⑥ 能

⑦ 緯　　⑧ 雉　　⑨ 熊

→解答は 200 ページです

スタンプ漢字

レベル 2

| 目標時間 | 分 | 今回の時間 | 分 | 月 | 日 |

上のスタンプを紙に押すと下のうちのどれになるか、選んで（　　　）に番号を書きましょう。

（　　）　　（　　）　　（　　）

① 渇　② 堀　③ 嬬

④ 褐　⑤ 窟　⑥ 儒

⑦ 喝　⑧ 掘　⑨ 濡

→解答は 200 ページです

155

スタンプ漢字

レベル 2

上のスタンプを紙に押すと下のうちのどれになるか、選んで（　　）に番号を書きましょう。

→解答は 200 ページです

スタンプ漢字

レベル 2

目標時間	分	今回の時間	分	月	日

上のスタンプを紙に押すと下のうちのどれになるか、選んで（　　　）に番号を書きましょう。

→解答は 200 ページです

157

スタンプ漢字

| 目標時間 | 分 | 今回の時間 | 分 | 月 | 日 |

上のスタンプを紙に押すと下のうちのどれになるか、選んで（　　　）に番号を書きましょう。

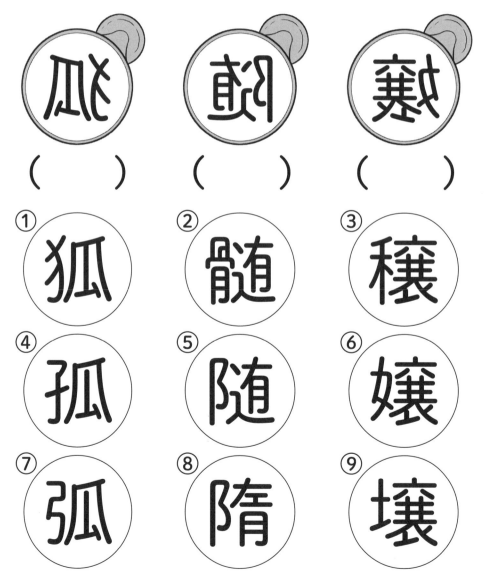

（　　）　　（　　）　　（　　）

① 狐　② 髄　③ 穣

④ 孤　⑤ 随　⑥ 嬢

⑦ 弧　⑧ 隋　⑨ 壊

→解答は 200 ページです

スタンプ漢字

レベル 2 🍎🍎🍏

目標時間　　　　分	今回の時間　　　　分	月　　　日

上のスタンプを紙に押すと下のうちのどれになるか、選んで（　　　　）に番号を書きましょう。

→解答は 200 ページです

159

スタンプ漢字

| 目標時間 | 分 | 今回の時間 | 分 | 月 | 日 |

上のスタンプを紙に押すと下のうちのどれになるか、選んで（　　　）に番号を書きましょう。

この問題の解き方

こころで回転

心的回転の力や、相手の立場になって考える力を養います

🍎 進め方

①あなたと動物たちに囲まれた机の上にある漢字が、周りの動物たちからどう見えるか想像します

②正しい組み合わせがわかったら、線でつなぎます

③わからないときは、実際に紙に漢字を書いて、動物と同じ位置から漢字を見てみましょう

例

別の方向から見たらどのように見えるかを考えます。

明らかに違うものを消して考えましょう。

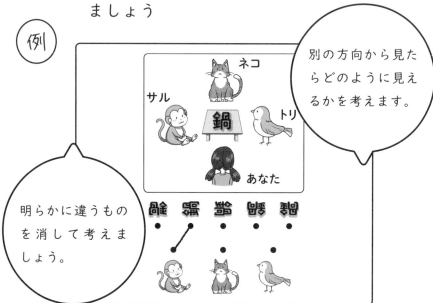

こころで回転

| 目標時間 | 分 | 今回の時間 | 分 | 月 | 日 |

あなたの前に漢字のカードがあります。サルさん、トリさん、ネコさんからカードはどう見えるでしょうか？　線でつなぎましょう。

→解答は 213 ページです

こころで回転

目標時間　　　分	今回の時間　　　分	月　　　日

あなたの前に漢字のカードがあります。サルさん、トリさん、ネコさんからカードはどう見えるでしょうか？　線でつなぎましょう。

→解答は 213 ページです

こころで回転

目標時間　　　分 ｜ 今回の時間　　　分 ｜ 　　月　　　日

あなたの前に漢字のカードがあります。サルさん、トリさん、ネコさんからカードはどう見えるでしょうか？　線でつなぎましょう。

→解答は 214 ページです

こころで回転

| 目標時間 | 分 | 今回の時間 | 分 | 月 | 日 |

あなたの前に漢字のカードがあります。サルさん、トリさん、ネコさんからカードはどう見えるでしょうか？ 線でつなぎましょう。

→解答は214ページです

こころで回転

あなたの前に漢字のカードがあります。サルさん、トリさん、ネコさんからカードはどう見えるでしょうか？　線でつなぎましょう。

→解答は 214 ページです

 **131** 日目

こころで回転

| 目標時間　　　分 | 今回の時間　　　分 | 月　　　日 |

あなたの前に漢字のカードがあります。サルさん、トリさん、ネコさんからカードはどう見えるでしょうか？　線でつなぎましょう。

168

こころで回転

レベル 2

| 目標時間 | 分 | 今回の時間 | 分 | 月 | 日 |

あなたの前に漢字のカードがあります。サルさん、トリさん、ネコさんからカードはどう見えるでしょうか？　線でつなぎましょう。

担　眸　峃　担　苗

→解答は 215 ページです

169

こころで回転

レベル2

あなたの前に漢字のカードがあります。サルさん、トリさん、ネコさんからカードはどう見えるでしょうか？　線でつなぎましょう。

→解答は215ページです

目標時間　　分　｜　今回の時間　　分　｜　　　月　　　日

こころで回転

| 目標時間 | 分 | 今回の時間 | 分 | 月 | 日 |

あなたの前に漢字のカードがあります。サルさん、トリさん、ネコさんからカードはどう見えるでしょうか？　線でつなぎましょう。

→解答は 215 ページです

こころで回転

レベル 2

目標時間	分	今回の時間	分	月	日

あなたの前に漢字のカードがあります。サルさん、トリさん、ネコさんからカードはどう見えるでしょうか？ 線でつなぎましょう。

→解答は 215 ページです

想像する

4

この問題の解き方

順位決定戦

> 複数の関係性を比較して、理解する力を養います

🍎 **進め方**

①複数の表彰台の順位から、熟語の総合順位を考えます

②漢字に直して、順位どおりに答えの欄に書きます

③順位がわからないときは、まずはどれが1位か考えます

例

> 1位のもの、もしくは最下位から探しましょう。

> 答えは、ひらがなを漢字に直して書きます。

答え	1位（ 砂漠 ）	2位（　　）	3位（　　）	
		4位（　　）	5位（　　）	

順位決定戦

| 目標時間 | 分 | 今回の時間 | 分 | 月 | 日 |

熟語たちは、かけっこが速い順に複数の表彰台に並んでいます。熟語の順位を考え、（　　　）の中に熟語の名前を漢字で書きましょう。

答え　1位（　　　）　2位（　　　）　3位（　　　）
　　　　　　　　　　4位（　　　）　5位（　　　）

→解答は 200 ページです

順位決定戦

目標時間　　分　｜　今回の時間　　分　｜　　　　月　　　日

熟語たちは、かけっこが速い順に複数の表彰台に並んでいます。熟語の順位を考え、（　　　　）の中に熟語の名前を漢字で書きましょう。

答え　1位（　　　　）　2位（　　　　）　3位（　　　　）
　　　　　　　　　　4位（　　　　）　5位（　　　　）

→解答は 200 ページです

順位決定戦

熟語たちは、かけっこが速い順に複数の表彰台に並んでいます。熟語の順位を考え、（　　　　）の中に熟語の名前を漢字で書きましょう。

答え　1位（　　　　）　2位（　　　　）　3位（　　　　）
　　　　　　　　4位（　　　　）　5位（　　　　）

→解答は 200 ページです

順位決定戦

| 目標時間 | 分 | 今回の時間 | 分 | 月 | 日 |

熟語たちは、かけっこが速い順に複数の表彰台に並んでいます。熟語の順位を考え、（　　　）の中に熟語の名前を漢字で書きましょう。

答え　1位（　　　）　2位（　　　）　3位（　　　）
　　　　　　　　4位（　　　）　5位（　　　）

→解答は 200 ページです

順位決定戦

レベル 2 🍎🍎🍏

熟語たちは、かけっこが速い順に複数の表彰台に並んでいます。熟語の順位を考え、（　　）の中に熟語の名前を漢字で書きましょう。

答え

1位（　　　） 2位（　　　） 3位（　　　）
4位（　　　） 5位（　　　）

→解答は 200 ページです

順位決定戦

レベル3

| 目標時間 | 分 | 今回の時間 | 分 | 月 | 日 |

熟語たちは、かけっこが速い順に複数の表彰台に並んでいます。熟語の順位を考え、（　　　）の中に熟語の名前を漢字で書きましょう。

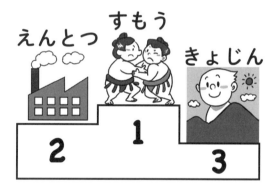

答え
1位（　　　）　2位（　　　）　3位（　　　）
4位（　　　）　5位（　　　）　6位（　　　）

→解答は 200 ページです

180

順位決定戦

レベル3
🍎🍎🍎

熟語たちは、かけっこが速い順に複数の表彰台に並んでいます。熟語の順位を考え、（　　　）の中に熟語の名前を漢字で書きましょう。

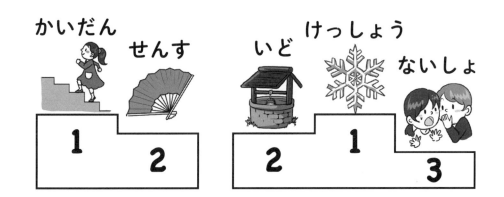

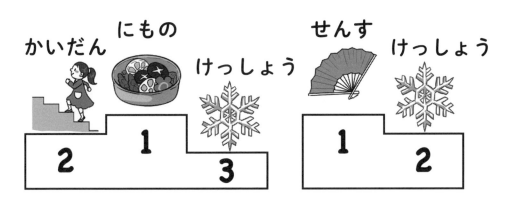

答え　1位（　　　）　2位（　　　）　3位（　　　）

4位（　　　）　5位（　　　）　6位（　　　）

→解答は200ページです

熟語たちは、かけっこが速い順に複数の表彰台に並んでいます。熟語の順位を考え、（　　　　）の中に熟語の名前を漢字で書きましょう。

答え

1位（　　　　　） 2位（　　　　　） 3位（　　　　　）

4位（　　　　　） 5位（　　　　　） 6位（　　　　　）

→解答は 200 ページです

順位決定戦

目標時間　　　分 ｜ 今回の時間　　　分 ｜　　　月　　　日

熟語たちは、かけっこが速い順に複数の表彰台に並んでいます。熟語の順位を考え、（　　　　）の中に熟語の名前を漢字で書きましょう。

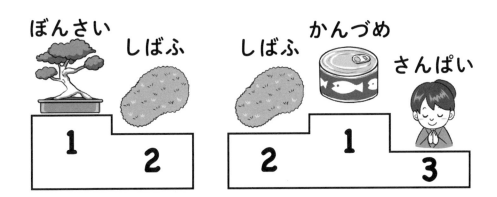

答え　1位（　　　　）　2位（　　　　）　3位（　　　　）

　　　4位（　　　　）　5位（　　　　）　6位（　　　　）

→解答は200ページです

145
日目

順位決定戦

レベル 3

目標時間	分	今回の時間	分	月	日

熟語たちは、かけっこが速い順に複数の表彰台に並んでいます。熟語の順位を考え、（　　　）の中に熟語の名前を漢字で書きましょう。

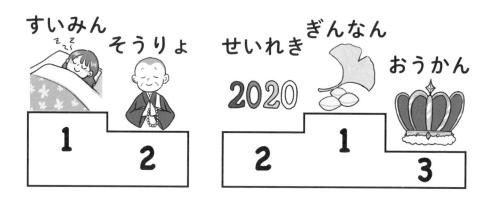

答え　1位（　　　）　2位（　　　）　3位（　　　）

4位（　　　）　5位（　　　）　6位（　　　）

→解答は 200 ページです

想像する
4

この問題の解き方
物語づくり

> ものごとの前後関係を判断する力や時間的思考を養います

🍎 進め方

① イラストと熟語を参考にしながらストーリーを想像します

② イラストを正しい順番に並び替えて答えの欄に書きます

③ わからないときは、2つのイラストのうちどちらが先かを考え、順位決定戦と同じ方法で順番を並び替えましょう

例

① 心満意足
②
③ 発見
④
一致団結
⑥

ストーリーを想像しながら、順番を並び替えます。

似ているシーンのイラストを見比べると、前後関係が分かりやすくなります。

(③)→(⑥)→(　)→(　)→(　)→(①)

物語づくり

| 目標時間 | 分 | 今回の時間 | 分 | 月 | 日 |

下のイラストは順番がバラバラになっています。
1つの物語になるよう並び替えて、数字を書きましょう。

①

②

③

④

⑤

⑥

( )→( )→( )→( )→( )→( )

→解答は 200 ページです

物語づくり

レベル2
🍎🍎🍏

| 目標時間 | 分 | 今回の時間 | 分 | 月 | 日 |

下のイラストは順番がバラバラになっています。1つの物語になるよう並び替えて、数字を書きましょう。

①

② 困窮

③

④

⑤ 一飯之恩

⑥

(　)→(　)→(　)→(　)→(　)→(　)

→解答は200ページです

物語づくり

| 目標時間 | 分 | 今回の時間 | 分 | 月 | 日 |

下のイラストは順番がバラバラになっています。１つの物語になるよう並び替えて、数字を書きましょう。

① 寛仁大度

④ 生気溌剌

（　　）→（　　）→（　　）→（　　）→（　　）→（　　）

→解答は 200 ページです

物語づくり

目標時間　　　分 ┃ 今回の時間　　　分 ┃　　月　　　日

下のイラストは順番がバラバラになっています。１つの物語になるよう並び替えて、数字を書きましょう。

①
迷子

②
紛失

③

④
捜索

⑤
安穏無事

⑥

（　　）→（　　）→（　　）→（　　）→（　　）→（　　）

→解答は 200 ページです

150日目 物語づくり

レベル 3 🍎🍎🍎

目標時間	分	今回の時間	分	月	日

下のイラストは順番がバラバラになっています。1つの物語になるよう並び替えて、数字を書きましょう。

① 一意専心

② ♥

③

④

⑤ 眉目秀麗

⑥

( ) → ( ) → ( ) → ( ) → ( ) → ( )

→解答は 200 ページです

物語づくり

| 目標時間 | 分 | 今回の時間 | 分 | 月 | 日 |

下のイラストは順番がバラバラになっています。1つの物語になるよう並び替えて、数字を書きましょう。

①

②

③ 思慕

④

⑤

⑥ 相思相愛

（　　）→（　　）→（　　）→（　　）→（　　）→（　　）

→解答は 200 ページです

物語づくり

下のイラストは順番がバラバラになっています。
1つの物語になるよう並び替えて、数字を書きましょう。

目標時間　　　分　｜　今回の時間　　　分　｜　　　月　　　日

① 奮励努力

② 感謝感激

③ 遊楽

④

⑤ 覆水不返

⑥

(　)→(　)→(　)→(　)→(　)→(　)

→解答は 200 ページです

目標時間 　　分 ｜ 今回の時間 　　分 ｜ 　　月 　　日

下のイラストは順番がバラバラになっています。
1つの物語になるよう並び替えて、数字を書きましょう。

①  ②

③  ④

⑤  ⑥

(　)→(　)→(　)→(　)→(　)→(　)

→解答は 200 ページです

物語づくり

| 目標時間 | 分 | 今回の時間 | 分 | 月 | 日 |

下のイラストは順番がバラバラになっています。
1つの物語になるよう並び替えて、数字を書きましょう。

①

②

③

④ 相互扶助

⑤

⑥ 得意満面

( )→( )→( )→( )→( )→( )

→解答は200ページです

物語づくり

| 目標時間 | 分 | 今回の時間 | 分 | 月 | 日 |

下のイラストは順番がバラバラになっています。
1つの物語になるよう並び替えて、数字を書きましょう。

① 顕現

② 一意奮闘

④

③

⑤

⑥

(　)→(　)→(　)→(　)→(　)→(　)

→解答は200ページです

🍎 解答編 🍎

●1章　数える

【漢字かぞえ】

9 ページ	1 日目	15 個
10 ページ	2 日目	13 個
11 ページ	3 日目	19 個
12 ページ	4 日目	13 個
13 ページ	5 日目	17 個
14 ページ	6 日目	13 個
15 ページ	7 日目	16 個
16 ページ	8 日目	18 個
17 ページ	9 日目	26 個
18 ページ	10 日目	24 個
19 ページ	11 日目	8 個
20 ページ	12 日目	10 個
21 ページ	13 日目	10 個
22 ページ	14 日目	11 個
23 ページ	15 日目	12 個

★解説★

14 ページ

　身体の部位を表す漢字は、口・目・顔・手・鼻・耳・脚・爪

15 ページ

　魚の種類を表す漢字は、鮭（さけ）、鯛（たい）、鰯（いわし）、鱈（たら）、鮪（まぐろ）、鱧（はも）、鰈（かれい）、鰤（ぶり）、鮎（あゆ）

　※注意　鱗はうろこ、鯨（くじら）は哺乳類、鰐（わに）は爬虫類

16 ページ

　「雨」も雨冠に含まれます。

17 ページ

　本将棋の駒に用いられる漢字は、王（王将）、金（金将）、銀（銀将）、角（角行）、飛（飛車）、桂・馬（桂馬）、香（香車）、歩（歩兵）、龍（龍馬）

18 ページ

　アジアの国を表す漢字は、印（インド）、星（シンガポール）、韓（大韓民国）、中（中華人民共和国）、朝（朝鮮民主主義人民共和国）、日（日本）、馬（マレーシア）、蒙（モンゴル）

20 ページ

　己と已（い）、巳の違いに注意。漢数字の百も見落とさないように。

22 ページ

　干支の漢字は、子（ね）、丑（うし）、寅（とら）、卯（う）、辰（たつ）、巳（み）、午（うま）、未（ひつじ）、申（さる）、酉（とり）、戌（いぬ）、亥（い）。両隣にも注意。

23 ページ

　食べ物を意味する漢字は、豆（まめ）、葱（ねぎ）、苺（いちご）、桃（もも）、蕗（ふき）、芋（いも）、栗（くり）、鮭（さけ）、柿（かき）、筍（たけのこ）、瓜（うり）。両隣にも注意。

【漢字算】

25 ページ	16 日目		
	20	(孫)	(畳)
	35	(油)	(暑)
	48	(芯)	(鐘)

27 ページ	17 日目		
	9	(和)	(食)
	10	(温)	(泉)
	12	(回)	(転)
	13	(喫)	(茶)
	15	(起)	(伏)
	18	(豊)	(富)

28 ページ	18 日目		
	18	(竹)	(醂)

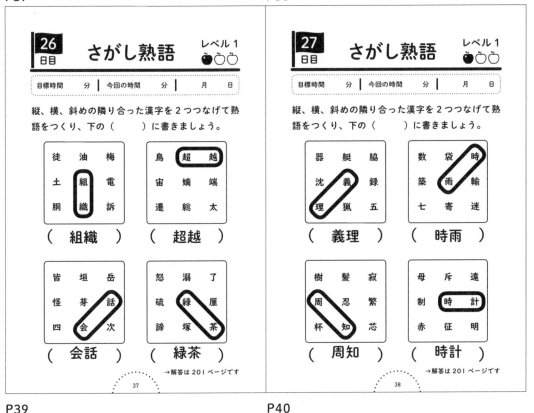

P37

26日目 さがし熟語 レベル1

目標時間　分｜今回の時間　分｜　月　日

縦、横、斜めの隣り合った漢字を2つつなげて熟語をつくり、下の（　　）に書きましょう。

徒	油	梅
土	組	電
胴	織	訴

（　組織　）

鳥	超	越
宙	嫡	端
遷	総	太

（　超越　）

皆	垣	岳
怪	芽	話
四	会	次

（　会話　）

怒	溺	了
硫	緑	厘
諦	塚	茶

（　緑茶　）

→解答は201ページです

37

P38

27日目 さがし熟語 レベル1

目標時間　分｜今回の時間　分｜　月　日

縦、横、斜めの隣り合った漢字を2つつなげて熟語をつくり、下の（　　）に書きましょう。

器	艇	脇
沈	義	録
理	猟	五

（　義理　）

数	袋	時
築	雨	輪
七	寄	迷

（　時雨　）

樹	髪	寂
周	忍	繁
杯	知	芯

（　周知　）

母	斥	遠
制	時	計
赤	征	明

（　時計　）

→解答は201ページです

38

P39

28日目 さがし熟語 レベル1

目標時間　分｜今回の時間　分｜　月　日

縦、横、斜めの隣り合った漢字を2つつなげて熟語をつくり、下の（　　）に書きましょう。

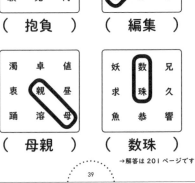

試	厳	負
塁	抱	報
験	充	代

（　抱負　）

菌	瓜	声
后	集	簿
編	界	帯

（　編集　）

濁	卓	値
衷	親	昼
踊	溶	母

（　母親　）

妖	数	兄
求	珠	久
魚	恭	響

（　数珠　）

→解答は201ページです

39

P40

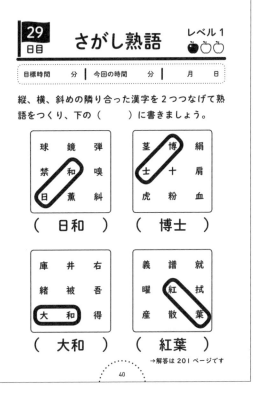

29日目 さがし熟語 レベル1

目標時間　分｜今回の時間　分｜　月　日

縦、横、斜めの隣り合った漢字を2つつなげて熟語をつくり、下の（　　）に書きましょう。

球	鏡	弾
禁	和	嗅
日	薫	糾

（　日和　）

茎	博	絹
士	十	肩
虎	粉	血

（　博士　）

庫	井	右
緒	被	吾
大	和	得

（　大和　）

義	譜	就
曜	紅	拭
産	散	葉

（　紅葉　）

→解答は201ページです

40

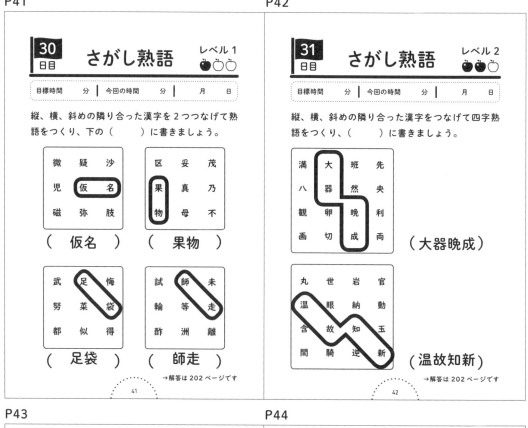

P41

30
日目

さがし熟語

レベル 1

目標時間　　分　｜　今回の時間　　分　｜　　月　　日

縦、横、斜めの隣り合った漢字を2つなげて熟語をつくり、下の（　　）に書きましょう。

微	疑	沙
児	仮	名
磁	弥	肢

（　仮名　）

区	妥	茂
果	真	乃
物	母	不

（　果物　）

武	足	悔
努	菜	袋
都	似	得

（　足袋　）

試	師	未
輪	等	走
酢	洲	離

（　師走　）

→解答は 202 ページです

41

P42

31
日目

さがし熟語

レベル 2

目標時間　　分　｜　今回の時間　　分　｜　　月　　日

縦、横、斜めの隣り合った漢字をつなげて四字熟語をつくり、（　　）に書きましょう。

満	大	班	先
八	器	然	央
観	卵	晩	利
画	切	成	両

（大器晩成）

丸	世	岩	官
温	眼	納	動
含	故	知	玉
間	騎	逆	新

（温故知新）

→解答は 202 ページです

42

P43

32
日目

さがし熟語

レベル 2

目標時間　　分　｜　今回の時間　　分　｜　　月　　日

縦、横、斜めの隣り合った漢字をつなげて四字熟語をつくり、（　　）に書きましょう。

脊	百	扇	巣
粋	花	暦	麓
量	六	繚	礼
露	廊	冷	乱

（百花繚乱）

童	畔	日	進
氾	比	争	月
桃	稲	巨	歩
奏	現	興	虚

（日進月歩）

→解答は 202 ページです

43

P44

33
日目

さがし熟語

レベル 2

目標時間　　分　｜　今回の時間　　分　｜　　月　　日

縦、横、斜めの隣り合った漢字をつなげて四字熟語をつくり、（　　）に書きましょう。

呂	近	淑	弱
恋	訟	期	寿
一	蓮	托	生
晶	庶	塾	袖

（一蓮托生）

波	都	鹿	髪
刀	花	履	風
稚	耳	東	黄
馬	丁	詞	盤

（馬耳東風）

→解答は 202 ページです

44

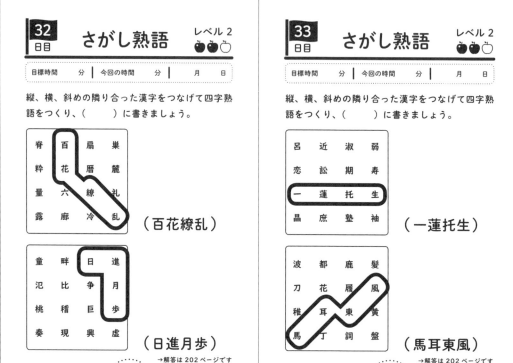

34日目　さがし熟語　レベル2

| 目標時間　　分 | 今回の時間　　分 | 月　　日 |

縦、横、斜めの隣り合った漢字をつなげて四字熟語をつくり、（　　）に書きましょう。

呉	異	令	結
越	学	首	秒
現	同	猛	査
第	舟	期	字

（呉越同舟）

猪	言	鼻	金
突	備	城	液
猛	断	喚	規
進	霧	厚	葉

（猪突猛進）

→解答は203ページです
45

35日目　さがし熟語　レベル2

| 目標時間　　分 | 今回の時間　　分 | 月　　日 |

縦、横、斜めの隣り合った漢字をつなげて四字熟語をつくり、（　　）に書きましょう。

図	隊	多	売
疑	薄	利	鑑
義	核	状	匠
資	格	肌	語

（薄利多売）

返	雲	岬	蛇
流	臨	泉	衝
優	柔	屈	蛍
砲	士	不	断

（優柔不断）

→解答は203ページです
46

【漢字さがし】‥‥‥‥‥‥‥‥‥‥‥‥‥‥‥‥‥‥‥‥‥‥‥

66日目　漢字さがし　レベル1

| 目標時間　　分 | 今回の時間　　分 | 月　　日 |

下の点の中に 瓜 が5組あります。それらを見つけて 瓜 のように線で結びましょう。

→解答は203ページです
89

67日目　漢字さがし　レベル1

| 目標時間　　分 | 今回の時間　　分 | 月　　日 |

下の点の中に 足 が5組あります。それらを見つけて 足 のように線で結びましょう。

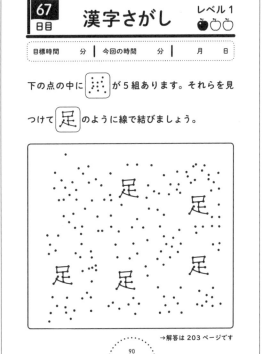

→解答は203ページです
90

P91

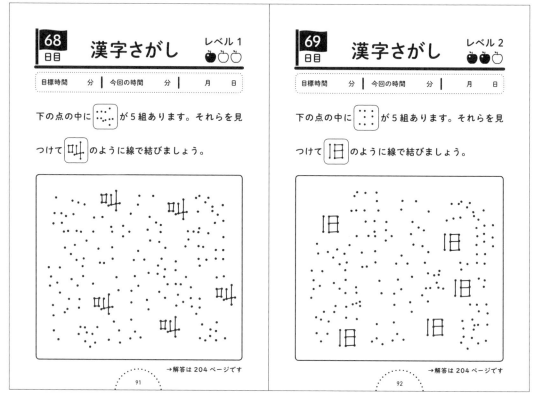

P92

68 日目　漢字さがし　レベル 1

目標時間　　分 ｜ 今回の時間　　分 ｜ 　月　　日

下の点の中に [図] が 5 組あります。それらを見つけて 叫 のように線で結びましょう。

→解答は 204 ページです

91

69 日目　漢字さがし　レベル 2

目標時間　　分 ｜ 今回の時間　　分 ｜ 　月　　日

下の点の中に [図] が 5 組あります。それらを見つけて 旧 のように線で結びましょう。

→解答は 204 ページです

92

P93

P95

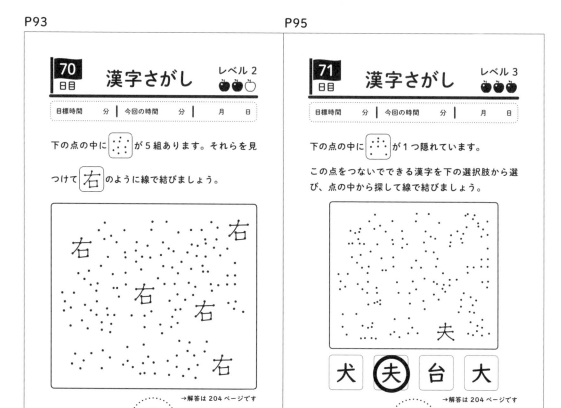

70 日目　漢字さがし　レベル 2

目標時間　　分 ｜ 今回の時間　　分 ｜ 　月　　日

下の点の中に [図] が 5 組あります。それらを見つけて 右 のように線で結びましょう。

→解答は 204 ページです

93

71 日目　漢字さがし　レベル 3

目標時間　　分 ｜ 今回の時間　　分 ｜ 　月　　日

下の点の中に [図] が 1 つ隠れています。

この点をつないでできる漢字を下の選択肢から選び、点の中から探して線で結びましょう。

夫

犬　（夫）　台　大

→解答は 204 ページです

95

72 日目 漢字さがし レベル 3

| 目標時間 分 | 今回の時間 分 | 月 日 |

下の点の中に が 1 つ隠れています。

この点をつないでできる漢字を下の選択肢から選び、点の中から探して線で結びましょう。

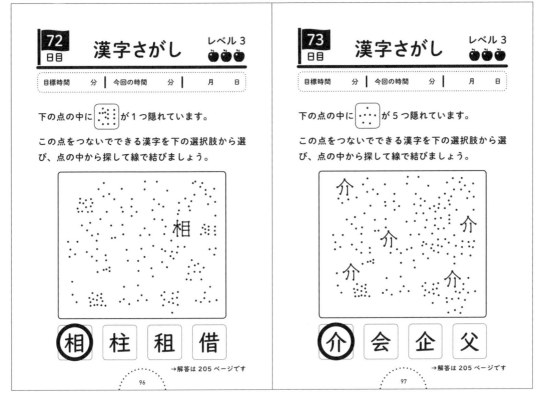

相

（相） 柱 租 借

→解答は 205 ページです

96

73 日目 漢字さがし レベル 3

| 目標時間 分 | 今回の時間 分 | 月 日 |

下の点の中に が 5 つ隠れています。

この点をつないでできる漢字を下の選択肢から選び、点の中から探して線で結びましょう。

介 介 介 介 介

（介） 会 企 父

→解答は 205 ページです

97

74 日目 漢字さがし レベル 3

| 目標時間 分 | 今回の時間 分 | 月 日 |

下の点の中に が 5 つ隠れています。

この点をつないでできる漢字を下の選択肢から選び、点の中から探して線で結びましょう。

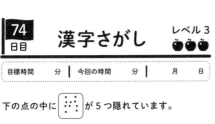
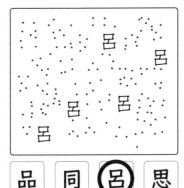

呂 呂 呂 呂 呂

品 同 （呂） 思

→解答は 205 ページです

98

75 日目 漢字さがし レベル 3

| 目標時間 分 | 今回の時間 分 | 月 日 |

下の点の中に が 5 つ隠れています。

この点をつないでできる漢字を下の選択肢から選び、点の中から探して線で結びましょう。

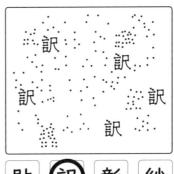

訳 訳 訳 訳 訳

貼 （訳） 彰 紗

→解答は 205 ページです

99

P101   P102

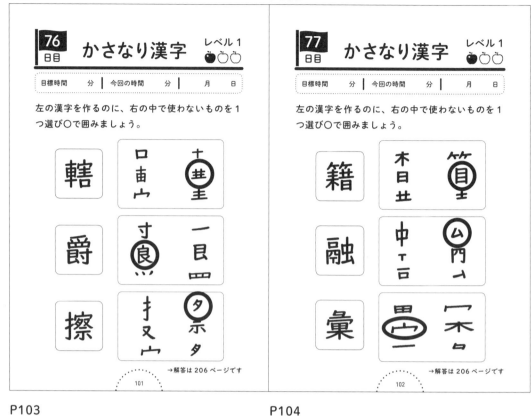

P103   P104

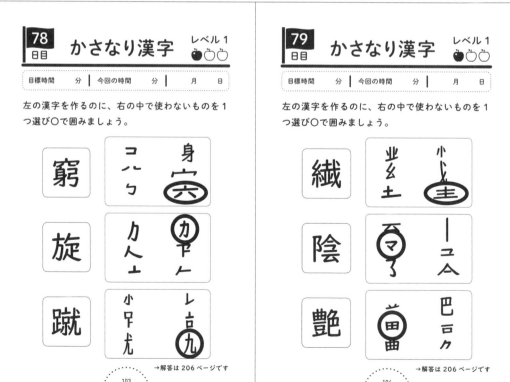

80日目 かさなり漢字 レベル1

目標時間　分　｜　今回の時間　分　｜　月　日

左の漢字を作るのに、右の中で使わないものを1つ選び〇で囲みましょう。

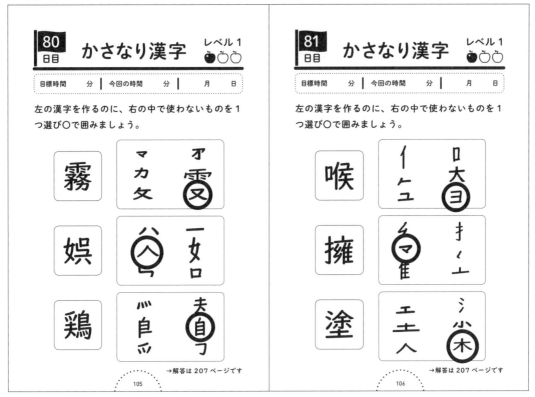

→解答は 207 ページです

105

81日目 かさなり漢字 レベル1

目標時間　分　｜　今回の時間　分　｜　月　日

左の漢字を作るのに、右の中で使わないものを1つ選び〇で囲みましょう。

→解答は 207 ページです

106

82日目 かさなり漢字 レベル1

目標時間　分　｜　今回の時間　分　｜　月　日

左の漢字を作るのに、右の中で使わないものを1つ選び〇で囲みましょう。

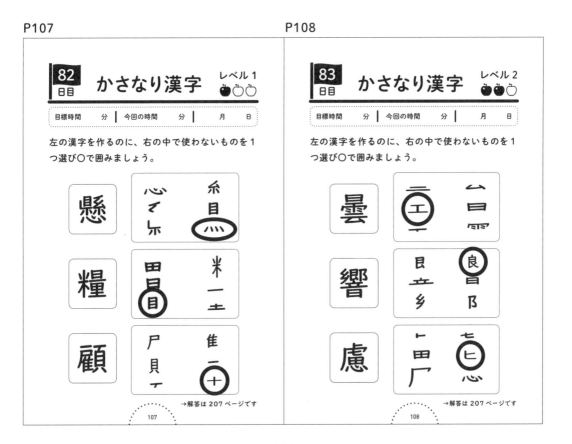

→解答は 207 ページです

107

83日目 かさなり漢字 レベル2

目標時間　分　｜　今回の時間　分　｜　月　日

左の漢字を作るのに、右の中で使わないものを1つ選び〇で囲みましょう。

→解答は 207 ページです

108

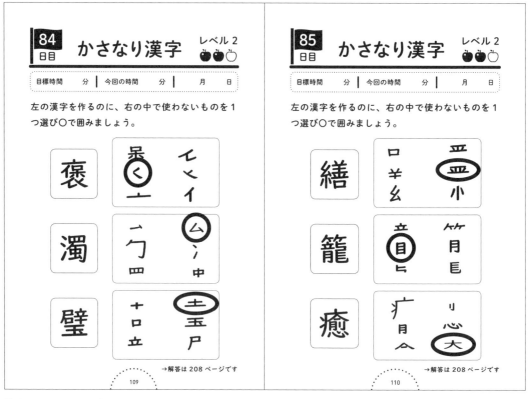

【違いはどこ？】••

P125

96
日目　違いはどこ？　レベル1

| 目標時間　分 | 今回の時間　分 | 月　日 |

上の絵と下の絵で、違うところが３つあります。
違いは漢字だけではありません。違うところを見
つけたら、下の絵を○で囲みましょう。

→解答は208ページです
125

P126

97
日目　違いはどこ？　レベル1

| 目標時間　分 | 今回の時間　分 | 月　日 |

上の絵と下の絵で、違うところが３つあります。
違いは漢字だけではありません。違うところを見
つけたら、下の絵を○で囲みましょう。

→解答は208ページです
126

98 日目 **違いはどこ?** レベル 1

| 目標時間　分 | 今回の時間　分 | 月　日 |

上の絵と下の絵で、違うところが 3 つあります。
違いは漢字だけではありません。違うところを見
つけたら、下の絵を◯で囲みましょう。

→解答は 209 ページです

127

 99 日目 **違いはどこ?** レベル 2

| 目標時間　分 | 今回の時間　分 | 月　日 |

上の絵と下の絵で、違うところが 4 つあります。
違いは漢字だけではありません。違うところを見
つけたら、下の絵を◯で囲みましょう。

→解答は 209 ページです

128

100 日目 **違いはどこ?** レベル 2

| 目標時間　分 | 今回の時間　分 | 月　日 |

上の絵と下の絵で、違うところが 4 つあります。
違いは漢字だけではありません。違うところを見
つけたら、下の絵を◯で囲みましょう。

→解答は 209 ページです

129

101 日目 **違いはどこ?** レベル 3

| 目標時間　分 | 今回の時間　分 | 月　日 |

上の絵と下の絵で、違うところが 5 つあります。
違いは漢字だけではありません。違うところを見
つけたら、下の絵を◯で囲みましょう。

→解答は 209 ページです

130

102日目 違いはどこ？ レベル3

| 目標時間 | 分 | 今回の時間 | 分 | 月 | 日 |

上の絵と下の絵で、違うところが5つあります。違いは漢字だけではありません。違うところを見つけたら、下の絵を○で囲みましょう。

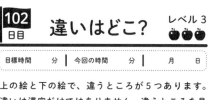

→解答は210ページです

131

103日目 違いはどこ？ レベル3

| 目標時間 | 分 | 今回の時間 | 分 | 月 | 日 |

上の絵と下の絵で、違うところが5つあります。違いは漢字だけではありません。違うところを見つけたら、下の絵を○で囲みましょう。

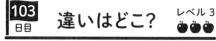

→解答は210ページです

132

104日目 違いはどこ？ レベル3

| 目標時間 | 分 | 今回の時間 | 分 | 月 | 日 |

上の絵と下の絵で、違うところが5つあります。違いは漢字だけではありません。違うところを見つけたら、下の絵を○で囲みましょう。

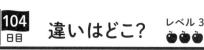

→解答は210ページです

133

105日目 違いはどこ？ レベル3

| 目標時間 | 分 | 今回の時間 | 分 | 月 | 日 |

上の絵と下の絵で、違うところが5つあります。違いは漢字だけではありません。違うところを見つけたら、下の絵を○で囲みましょう。

→解答は210ページです

134

P137

P138

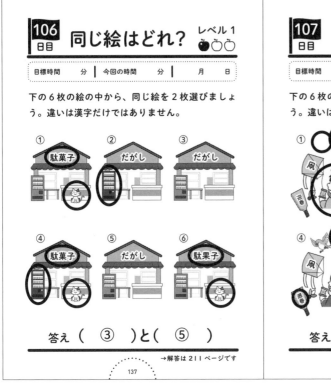

106 日目 同じ絵はどれ？ レベル1

| 目標時間 分 | 今回の時間 分 | 月 日 |

下の6枚の絵の中から、同じ絵を2枚選びましょう。違いは漢字だけではありません。

答え （ ③ ）と（ ⑤ ）

→解答は211ページです

137

107 日目 同じ絵はどれ？ レベル2

| 目標時間 分 | 今回の時間 分 | 月 日 |

下の6枚の絵の中から、同じ絵を2枚選びましょう。違いは漢字だけではありません。

答え （ ② ）と（ ⑥ ）

→解答は211ページです

138

P139

P140

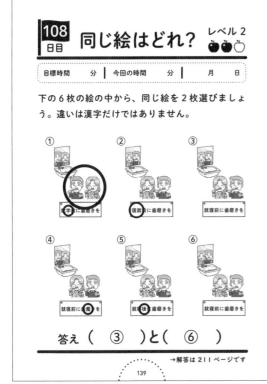

108 日目 同じ絵はどれ？ レベル2

| 目標時間 分 | 今回の時間 分 | 月 日 |

下の6枚の絵の中から、同じ絵を2枚選びましょう。違いは漢字だけではありません。

答え （ ③ ）と（ ⑥ ）

→解答は211ページです

139

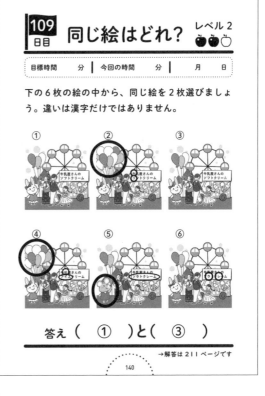

109 日目 同じ絵はどれ？ レベル2

| 目標時間 分 | 今回の時間 分 | 月 日 |

下の6枚の絵の中から、同じ絵を2枚選びましょう。違いは漢字だけではありません。

答え （ ① ）と（ ③ ）

→解答は211ページです

140

110日目 同じ絵はどれ？ レベル2

| 目標時間 | 分 | 今回の時間 | 分 | 月 | 日 |

下の6枚の絵の中から、同じ絵を2枚選びましょう。違いは漢字だけではありません。

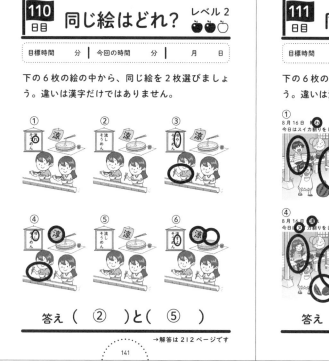

答え （ ② ）と（ ⑤ ）

→解答は212ページです

141

111日目 同じ絵はどれ？ レベル3

| 目標時間 | 分 | 今回の時間 | 分 | 月 | 日 |

下の6枚の絵の中から、同じ絵を2枚選びましょう。違いは漢字だけではありません。

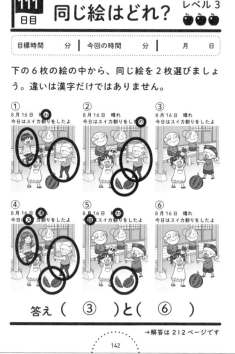

答え （ ③ ）と（ ⑥ ）

→解答は212ページです

142

112日目 同じ絵はどれ？ レベル3

| 目標時間 | 分 | 今回の時間 | 分 | 月 | 日 |

下の6枚の絵の中から、同じ絵を2枚選びましょう。違いは漢字だけではありません。

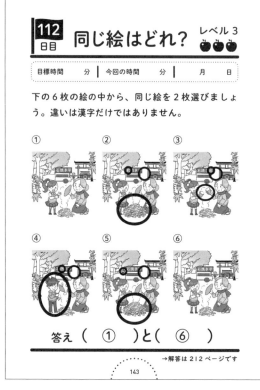

答え （ ① ）と（ ⑥ ）

→解答は212ページです

143

113日目 同じ絵はどれ？ レベル3

| 目標時間 | 分 | 今回の時間 | 分 | 月 | 日 |

下の6枚の絵の中から、同じ絵を2枚選びましょう。違いは漢字だけではありません。

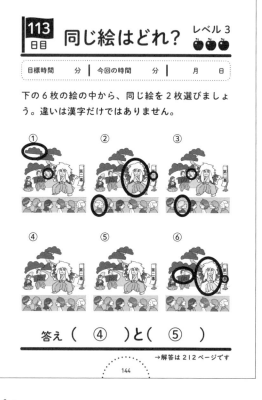

答え （ ④ ）と（ ⑤ ）

→解答は212ページです

144

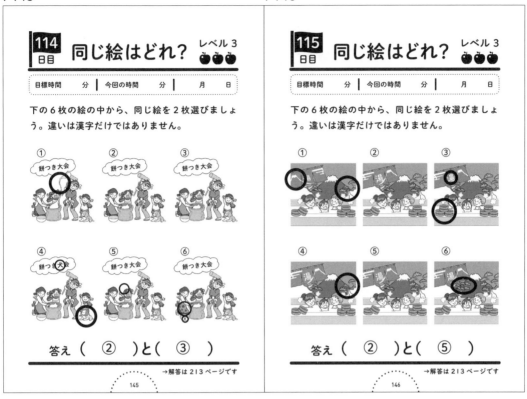

| 114日目 | 同じ絵はどれ？ | レベル3 |

| 目標時間　分 | 今回の時間　分 | 月　　日 |

下の6枚の絵の中から、同じ絵を2枚選びましょう。違いは漢字だけではありません。

① 餅つき大会
② 餅つき大会
③ 餅つき大会
④ 餅つき大会
⑤ 餅つき大会
⑥ 餅つき大会

答え　（　②　）と（　③　）

→解答は213ページです

| 115日目 | 同じ絵はどれ？ | レベル3 |

| 目標時間　分 | 今回の時間　分 | 月　　日 |

下の6枚の絵の中から、同じ絵を2枚選びましょう。違いは漢字だけではありません。

① ② ③ ④ ⑤ ⑥

答え　（　②　）と（　⑤　）

→解答は213ページです

【こころで回転】・・

| 126日目 | こころで回転 | レベル1 |

| 目標時間　分 | 今回の時間　分 | 月　　日 |

あなたの前に漢字のカードがあります。サルさん、トリさん、ネコさんからカードはどう見えるでしょうか？　線でつなぎましょう。

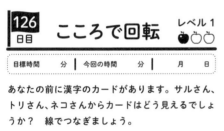

ネコ
サル　鍋　トリ
あなた

→解答は213ページです

| 127日目 | こころで回転 | レベル1 |

| 目標時間　分 | 今回の時間　分 | 月　　日 |

あなたの前に漢字のカードがあります。サルさん、トリさん、ネコさんからカードはどう見えるでしょうか？　線でつなぎましょう。

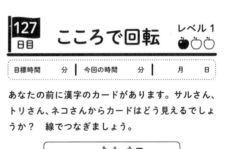

ネコ
サル　粥　トリ
あなた

→解答は213ページです

128日目 こころで回転 レベル1

| 目標時間 | 分 | 今回の時間 | 分 | 月 | 日 |

あなたの前に漢字のカードがあります。サルさん、トリさん、ネコさんからカードはどう見えるでしょうか？ 線でつなぎましょう。

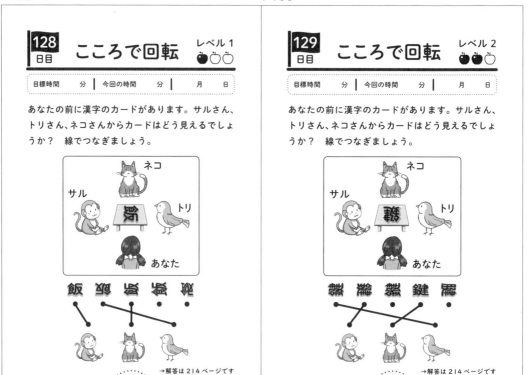

→解答は214ページです

165

129日目 こころで回転 レベル2

| 目標時間 | 分 | 今回の時間 | 分 | 月 | 日 |

あなたの前に漢字のカードがあります。サルさん、トリさん、ネコさんからカードはどう見えるでしょうか？ 線でつなぎましょう。

→解答は214ページです

166

130日目 こころで回転 レベル2

| 目標時間 | 分 | 今回の時間 | 分 | 月 | 日 |

あなたの前に漢字のカードがあります。サルさん、トリさん、ネコさんからカードはどう見えるでしょうか？ 線でつなぎましょう。

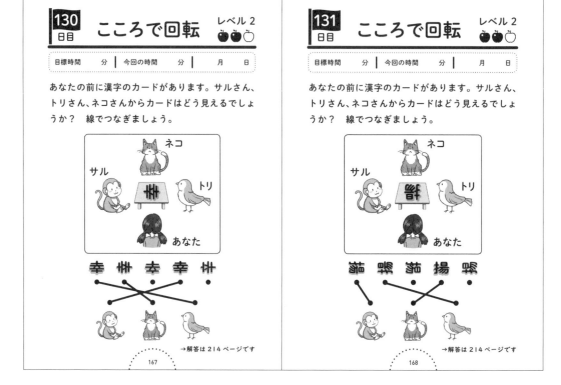

→解答は214ページです

167

131日目 こころで回転 レベル2

| 目標時間 | 分 | 今回の時間 | 分 | 月 | 日 |

あなたの前に漢字のカードがあります。サルさん、トリさん、ネコさんからカードはどう見えるでしょうか？ 線でつなぎましょう。

→解答は214ページです

168

P169

132 こころで回転 レベル2

P170

133 こころで回転 レベル2

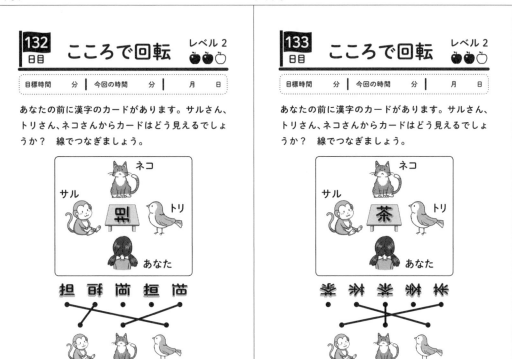

| 目標時間 | 分 | 今回の時間 | 分 | 月 | 日 |

あなたの前に漢字のカードがあります。サルさん、トリさん、ネコさんからカードはどう見えるでしょうか？ 線でつなぎましょう。

→解答は215ページです

169

| 目標時間 | 分 | 今回の時間 | 分 | 月 | 日 |

あなたの前に漢字のカードがあります。サルさん、トリさん、ネコさんからカードはどう見えるでしょうか？ 線でつなぎましょう。

→解答は215ページです

170

P171

134 こころで回転 レベル2

P172

135 こころで回転 レベル2

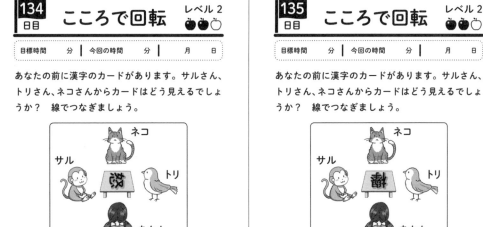

| 目標時間 | 分 | 今回の時間 | 分 | 月 | 日 |

あなたの前に漢字のカードがあります。サルさん、トリさん、ネコさんからカードはどう見えるでしょうか？ 線でつなぎましょう。

→解答は215ページです

171

| 目標時間 | 分 | 今回の時間 | 分 | 月 | 日 |

あなたの前に漢字のカードがあります。サルさん、トリさん、ネコさんからカードはどう見えるでしょうか？ 線でつなぎましょう。

→解答は215ページです

172

🍎 著者略歴

宮口 幸治（みやぐち・こうじ）

立命館大学産業社会学部・大学院人間科学研究科教授。京都大学工学部卒業、建設コンサルタント会社勤務の後、神戸大学医学部医学科卒業。神戸大学医学部附属病院精神神経科、大阪府立精神医療センターなどを勤務の後、法務省宮川医療少年院、交野女子学院医務課長を経て、2016年より現職。医学博士、子どものこころ専門医、日本精神神経学会専門医、臨床心理士、公認心理師。児童精神科医として、困っている子どもたちの支援を教育・医療・心理・福祉の観点で行う「日本COG-TR学会」を主宰し、全国で教員向けに研修を行っている。著書に『性の問題行動をもつ子どものためのワークブック』『教室の困っている発達障害をもつ子どもの理解と認知的アプローチ』（以上、明石書店）、『やさしいコグトレ認知機能強化トレーニング』『社会面のコグトレ 認知ソーシャルトレーニング1・2』（以上、三輪書店）、『1日5分！ 教室で使えるコグトレ』『もっとコグトレさがし算60 初級・中級・上級』『1日5分！ 教室で使える漢字コグトレ小学1〜6年生』『1日5分！ 教室でできる英語コグトレ 小学校3・4／5・6年生』『学校でできる！ 性の問題行動へのケア』（以上、東洋館出版社）、『ケーキの切れない非行少年たち』（新潮社）、『境界知能とグレーゾーンの子どもたち』（扶桑社）、『医者が考案したコグトレ・パズル』（SBクリエイティブ）など。

🍎 執筆協力

髙村　希帆　　立命館大学大学院人間科学研究科
小森　茅里　　立命館大学大学院人間科学研究科
齋藤　稚菜　　立命館大学大学院人間科学研究科

🍎 編集

ナイスク　　http://naisg.com/

松尾里央　高作真紀　中西傑　安藤沙帆

🍎 本文フォーマット／デザイン・DTP

小池那緒子

🍎 表紙デザイン

國枝達也

🍎 イラスト

真崎なこ

1日5分で認知機能を鍛える！
大人の漢字コグトレ

2020（令和2）年 11 月 1 日初版第 1 刷発行
2024（令和6）年 1 月 9 日初版第 3 刷発行

著者　　　宮口幸治
発行者　　錦織圭之介
発行所　　株式会社 東洋館出版社
　　　　　〒101-0054　東京都千代田区神田錦町2丁目9番1号
　　　　　　　　　　　　　　　コンフォール安田ビル2階
　　　　　代　表　電話 03-6778-4343 ／ FAX 03-5281-8091
　　　　　営業部　電話 03-6778-7278 ／ FAX 03-5281-8092
　　　　　振替　00180-7-96823
　　　　　URL　https://www.toyokan.co.jp

印刷・製本　藤原印刷株式会社
ISBN 978-4-491-04045-5
Printed in Japan